99x
BERLIN

wie Sie es noch
nicht kennen

Handverlesen von
Tina Gerstung

Inhalt

Charlottenburg-Wilmersdorf

Spandau / Steglitz-Zehlendorf

Tempelhof-Schöneberg / Neukölln

Treptow-Köpenick

Marzahn-Hellersdorf

Lichtenberg

Reinickendorf

Ausflüge

Vorwort

Es muss Ihnen sicher keiner mehr erklären, wie riesig, vielseitig und aufregend Berlin ist. Ein Leben würde vermutlich gar nicht ausreichen, um alles zu sehen, was diese Stadt zu bieten hat. Entdecken Sie mit diesem Buch ein Berlin, wie Sie es noch nicht kennen. Ein Berlin fernab der allseits bekannten Sehenswürdigkeiten wie dem Brandenburger Tor, dem Fernsehturm am Alexanderplatz oder dem Zoologischen Garten. Lesen Sie von 99 Orten, die man seinen Freunden und Lieblingsnachbarn gerne als Tipp fürs Wochenende mit auf den Weg geben möchte. Jeder dieser Orte zeigt unbekannte und gleichzeitig typische Seiten der deutschen Hauptstadt.

99 Mal Berlin, wie Sie es noch nicht kennen möchte Touristen eine Alternative zum 08/15-Reiseführer sein. Es möchte Neu-Berlinern diese Stadt von ihrer besten Seite zeigen, mit zahlreichen Tipps in Sachen Gastronomie, Kultur, Architektur und Freizeit. Dieses Buch möchte aber gerade auch den alteingesessenen Bewohnern beweisen, dass es sich lohnt, seinen Kiez auch einmal zu verlassen und mehr zu erleben von dieser nie langweilig werdenden Metropole.

Berlin macht Lust auf mehr. Nutzen Sie die Ausflugstipps in der ganzen Hauptstadt: von Marzahn über Grunewald bis nach Frohnau und wieder zurück – kein Bezirk wird ausgelassen. Werfen Sie überraschende Blicke auf Bekanntes und Unbekanntes in Berlin. Kennen Sie beispielsweise den schärfsten Ort der Stadt? Wissen Sie, wo Sie sich mal eben auf die Schnelle Feinkost am Automaten ziehen können? Oder möchten Sie doch lieber im größten Sandkasten der Stadt buddeln? Dieses reich illustrierte Buch führt Sie zu eher ungewöhnlichen Sehenswürdigkeiten.

Viel Spaß beim Entdecken!
Tina Gerstung

01

Das »himmelbeet« in Wedding

Urban Gardening ist in ganz Berlin derzeit sehr populär, egal, ob in großem Stil auf dem Tempelhofer Feld oder etwas kleiner in den Prinzessinnengärten am Kreuzberger Moritzplatz. Das im Jahr 2013 entstandene gemeinnützige Projekt »himmelbeet« in Wedding vereint beim gemeinschaftlichen Gärtnern ökologische und soziale Aspekte.

Die Grundidee war, auf einem seit 2003 verwaisten Parkdeck mit über 10 000 Quadratmetern Brachfläche Europas größten Dachgarten zu kreieren. Das Schillerpark-Einkaufscenter als Ort der Naturvielfalt und Begegnung zu bespielen, gestaltete sich aufgrund der architektonischen Gegebenheiten jedoch als schwierig. Da die Initiatoren (Hannah Lisa Linsmaier zusammen

Eigens gepflanztes, umhegtes und geerntetes Gemüse kochen schmeckt mindestens doppelt so gut!

mit den raumstar*architekten und über 70 freiwilligen Helfern) 2013 mit dem Gärtnern loslegen wollten, haben sie das »himmelbeet« zunächst »am Boden« in der benachbarten Ruheplatzstraße eröffnet. Gemeinsam werden hier regionale und »alte« Kultursorten zur Selbstversorgung angebaut, in flexiblen und mobilen Beeten – eben modernes urbanes Gärtnern. Schließlich steigt das Bedürfnis nach saisonalen Produkten bei den Berlinern immer mehr. Die Leitideen des Projekts sind Partizipation, Nachhaltigkeit und Umweltbewusstsein. Dafür wird mit Forschungseinrichtungen zusammengearbeitet. Das »himmelbeet« fungiert heute als lebendiger interkultureller Kieztreff, der die Besucher zum Mitgärtnern und -ernten einlädt. Menschen jeden Alters kommen zum Buddeln, Bauen mit recycelten Materialien oder zum Kochen zusammen. Außerdem trifft man sich zu Workshops über Themen wie Nachhaltigkeit und Ernährung, im Gartencafé oder bei Kulturveranstaltungen wie Tangoabenden. Privatpersonen und Institutionen können Beete für eine Saison pachten. Und als Pflanzenpate darf man sich besonders liebevoll um seine Schützlinge kümmern!

himmelbeet · April – Okt. Di 12–20, Mi–So 10–20 Uhr · Café Di–Fr 14–20, Sa, So 12–20 Uhr
Ruheplatzstr. 12 · 13347 Berlin · www.himmelbeet.com
Gartenarbeitstage Do 14–18, Sa 11–15 Uhr · Haltestelle: U Leopoldplatz

Gärtnern, Natur genießen, Kaffee trinken – im »himmelbeet« inklusive Natur pur.
Einmal in die Erde setzen, bitte! Das machen die Besucher mit viel Elan und Freude.

Einkaufen im Mini-Kaufhaus in Wedding

Der Flohmarkt, auf den man nicht bis zum Wochenende warten muss und dem auch schlechtes Wetter nichts anhaben kann: Das Secondhand-Mini-Kaufhaus Meyer im Ortsteil Wedding bietet alles vom antiken Möbelstück über den Kühlschrank mit Gefrierfach bis hin zur wertvollen Vase.

Ein Trödel ganz nach unserem Geschmack: Im Mini-Kaufhaus Meyer kann man nach Herzenslust bummeln und echte Schnäppchen entdecken.

Anders als auf dem Flohmarkt am Mauerpark oder etwa dem am Boxhagener Platz drängeln sich hier keine Touristenmassen durch die Gänge. Allerdings sollten Besucher etwas Zeit und Entdeckerlaune mitbringen, denn auf 400 Quadratmetern findet sich hier jede Menge Nippes; eben alles, was bei Wohnungsauflösungen, die das Unternehmen auch anbietet, so zu Tage befördert wird. Eigentlich gibt es nichts, was es nicht gibt: Werkzeug, Besteck, Omas altes Teeservice, Vorhänge, Handtaschen, Schlafsofas, ein Ölgemälde oder auch einmal ein Fahrrad. Alles gibt es zum kleinen Preis, Handeln ist übrigens erlaubt.

> Der zauberhafte Schillerpark liegt gleich um die Ecke. Dort sollte man ganz früh hingehen und die feierliche Stille mitten in der Stadt genießen ...

Sperrige, größere Möbel werden auf Wunsch gegen einen kleinen Aufpreis nach Hause chauffiert. Das Familienunternehmen ist zwar nicht gemeinnützig, versteht sich aber trotzdem als Anlaufstelle im Kiez gerade für diejenigen, denen die Mittel fehlen, um alles neu kaufen zu können. Zudem legen die netten Inhaber Wert darauf, dass wertvolle Ressourcen wie beispielsweise Holz nicht verschwendet, sondern weiter genutzt werden können.

Wer also seinen Keller mal wieder ausmisten und für gut Erhaltenes kassieren möchte, der kann sich an das Mini-Kaufhaus wenden. Aber auch wer eine Wohnung oder ein Zimmer professionell entrümpeln lassen möchte, sollte diese Adresse als Anlaufstelle im Hinterkopf behalten.

Mini-Kaufhaus Meyer · Mo–Do 14–19 Uhr · Amsterdamer Str. 14 · 13347 Berlin
Tel. 030/456 57 65 · www.mini-kaufhaus.de · Haltestelle: U Seestraße

Von außen wahrlich keine Augenweide. Drinnen gibt's dafür umso mehr Schätze!

Küchenchef im innovativen Digital-Restaurant ist Alexander Brosin.
Smartes Essen aus der Box kann so gesund und lecker sein. Einfach mal testen!

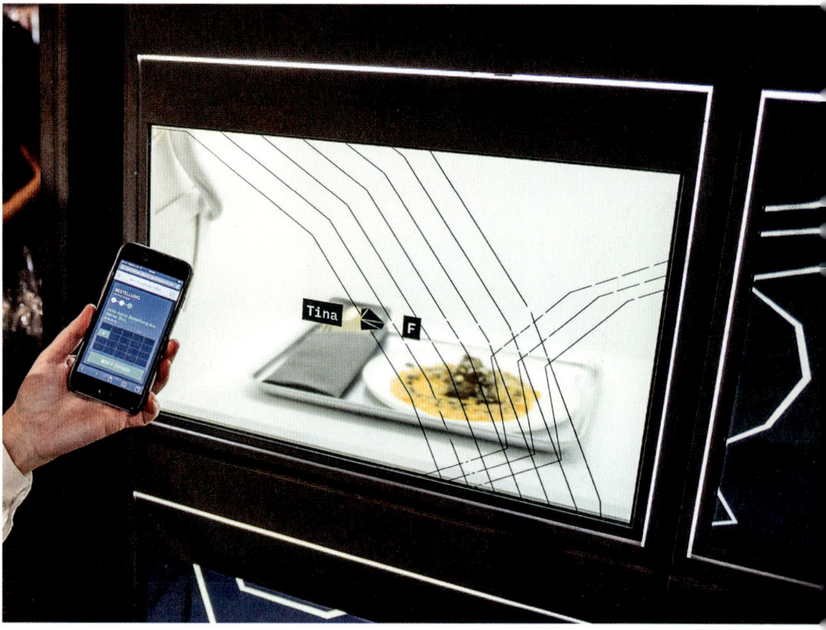

Smart Eating in der Data Kitchen

So isst man heute: Unterwegs via App bargeldlos Frühstück oder Mittagessen bestellt, steht das Essen schon bei Ankunft in der Data Kitchen bereit. Eine echte Innovation, die auch noch gesund und lecker daherkommt.

»Slow food fast« lautet das Motto. Klingt nach einem Widerspruch, klappt aber hervorragend. Gleich am Eingang der Data Kitchen in Mitte, unweit der Hackeschen Höfe, gibt's eine sogenannte Food Wall mit 20 Boxen, auf denen Cyberspace-mäßig Linien flimmern, bis zwischendurch immer wieder ein Name drauf- und ein Tablett drinsteht. Die Box blinkt: Das Essen ist bereit zum Abholen. Das wird einem auch auf der App angezeigt, falls man nicht in unmittelbarer Nähe der Boxen Platz genommen hat. Bestellt hat man schon von unterwegs oder aus dem Büro, bargeldlos via App und inklusive Trinkgeld, unter Angabe des gewünschten Servierzeitpunkts. In der Data Kitchen selbst bringt der freundliche Service lediglich noch die Getränke und räumt ab. So funktioniert Berlins erstes Digitalrestaurant.

Diese ausgeklügelte Idee, die eine echte Zeitersparnis mit sich bringt, kommt vom

> Wenn man mit Bärenhunger das Café betritt und der eigene Name schon an der Food Wall blinkt. Herrlich!

stadtbekannten Gastronom Heinz »Cookie« Gindullis, zusammen mit dem Softwareunternehmen SAP brachten sie den perfekt getimten Restaurantbesuch an den Start. Der Fokus liegt auf Frühstück und Mittagessen, abends ist geschlossen. Und wie schmeckt das perfekt getimte Essen? Gut und gesund. Ob Wurzelgemüse auf Selleriepüree, Gemüsecurry oder geschmorte Rinderschulter – das Angebot ist ausgewogen wie gesund. Die Karte wechselt regelmäßig, aber immer darauf stehen: nachhaltige, ethisch einwandfreie Produkte. Das Gemüse kommt aus einem Garten in Brandenburg. Die Atmosphäre ist dabei modern-gemütlich, mit bequemen, eigens für das Restaurant entworfenen Möbeln, coolen Sofas, hübschen Holztischen und einem ausgeklügelten Lichtkonzept.

Data Kitchen · Mo–Fr 9–17 Uhr · Rosenthaler Str. 38 (Hinterhof) · 10178 Berlin
www.datakitchen.berlin · Haltestelle: S Hackescher Markt

04 Bibliothek am Luisenbad

Wer sich gerne in schönen Bibliotheken aufhält, der hat sicher bereits einen Blick in die sehr moderne Staatsbibliothek Unter den Linden geworfen. Wir wollen den Fokus in Sachen Bibliothek aber lieber auf ein etwas kleineres, architektonisch ebenfalls besonderes Juwel lenken: die Bibliothek am Luisenbad in Wedding.

Die Bibliothek befindet sich auf dem Gelände des ehemaligen Luisenbads in einem verkehrsgeschützten Bereich am Ufer der Panke. Dieser frühere Amüsierbetrieb samt Quelle, Theater, Garten und Restaurant wurde nach Königin Luise benannt, nachdem sie diesem 1799 einen Besuch abstattete. Im Krieg wurde das Gebäude von Bomben fast vollständig zerstört, nur wenige Überreste waren noch erhalten, als das Architektenpaar Rebecca Chestnutt und Robert Niess dieses 1995 denkmalgerecht sanierte.

Wenn die Sonne die Nasenspitze kitzelt und man mit einem guten Buch draußen im ruhigen Lesegarten sitzt, dann ist das Vitamin D gepaart mit Entspannung pur. Ganz viel Seelenfrieden!

Das Eingangsgebäude, Vestibül genannt, welches ehemals zum großen Saal führte, und das kleinere freistehende Comptoir waren noch letzte Reste des Luisenbads.

Betritt man das Gebäude heute, fühlt man sich wie in frühere Zeiten zurückversetzt. Gepaart wurden die Überbleibsel aus der Geschichte mit neuen, modernen Anbauten, die einen lichtdurchfluteten Ort kreierten. Die Baukosten beliefen sich auf 10,5 Millionen Euro.

Das Angebot der Bibliothek ist vielfältig; als Besonderheit sind die umfangreiche Sachliteratur sowie die große Auswahl an türkischsprachigen Büchern, DVDs, Zeitschriften und Tageszeitungen zu nennen. Außerdem gibt es Computer mit Internetanschluss mit eigenem Bereich für Kinder wie Erwachsene, und alle Titel der Spiegel-Bestsellerliste stehen zeitnah und kostenfrei zur Verfügung. Einen Blick wert ist die wunderschöne Stuckdecke des Puttensaals.

Bibliothek am Luisenbad · Mo–Fr 10–19.30, Sa 10–14 Uhr · Badstr. 39 · 13357 Berlin
Tel. 030/901 84 56 10 · Haltestelle: U Pankestraße

Im frühen 18. Jahrhundert befand sich hier tatsächlich ein beliebtes Bad.
Den Charme von früher versprüht das hübsch sanierte Gebäude immer noch.

Drumherum brausen die Autos Richtung Gleimtunnel oder Richtung Wedding. »Drinnen« kann man inmitten von Sträuchern und Blumen kurz Energie tanken.

Gleim-Oase: die grüne Insel im Wedding

Am Eingangstor zum Wedding liegt ein kleines grünes Paradies, das Dunja Berndt und Holger Eckert nun schon seit 2010 hegen und pflegen: die Gleim-Oase, die nicht nur direkte Anwohner als Refugium mitten in der Stadt nutzen können.

Wer aus dem Gleimtunnel Richtung Wedding fährt, den empfängt die Gleim-Oase mit den orangefarbenen Lettern »Willkommen im Brunnenviertel«. Sie ist ein fast unscheinbares grünes Paradies mit vielen Blumen, Wildkräutern, Bäumchen und Pflanzen, mit Bänken dazwischen, die zum Verweilen inmitten des Großstadttrubels einladen. Dass die Gleim-Oase heute in derartiger Pracht erstrahlen kann, ist Dunja Berndt und Holger Eckert zu verdanken, die sich seit 2010 um das damals verlassene Fleckchen Erde am Gleimtunnel kümmern.

Der tatsächliche Ursprung der Gleim-Oase liegt allerdings viel weiter in der Vergangenheit: Mitte der 1980er-Jahre hatte das Berliner Architektenpaar Carlini das Projekt gestartet. Übrig geblieben sind aus der Zeit noch hübsche Rankhilfen, die meisten in Form von Vögeln.

Heute dient der Skulpturenpark als Chill-Out-Area während der legendären Gleimtunnel-Party, als Ort zum Kaffeetrinken und Brunchen oder auch mal als Veranstaltungsort für eine Lesung. Vor allem das Hochbeet erfreut sich im Sommer großer Beliebtheit: Da hält Mutter Natur mit vielen bunten Blumen, Pflanzen und dazu noch Hummeln, Bienen und Käfern Einzug in die Stadt.

Das Konzept des städtischen Garten Eden: Alle sollen mitmachen und Spaß daran haben. Es herrscht das Prinzip Geben und Nehmen. Jeder Anwohner kann sich bedienen und Sämereien mitnehmen. Aber wenn er sich eine Pflanze aussucht, wäre es natürlich schön, wenn er dafür eine andere einsetzt.

Letzten Endes bleibt nur zu hoffen, dass dieses Begrünungsobjekt, das vom Quartiersmanagement Brunnenviertel sowie vom Grünflächenamt unterstützt wird, noch lange Bestand hat.

Gleim-Oase · Gleimstraße · gleich hinter dem Gleimtunnel in Richtung Wedding · 13355 Berlin
www.gleim-oase.de · Haltestelle: U Voltastraße

06 Leckere Burger
in ausgefallener Location

Wer nicht in die Brunnenstraße muss, den verschlägt es dort nicht unbedingt hin. Dennoch lohnt sich ein Ausflug, zumindest für alle, die sich gern an einem richtig guten Burger laben. Den gibt es im Volta, einer sehr unaufgeregten Location mit Charme.

An dem dunklen Betonpavillon an der U-Bahn-Haltestelle Voltastraße läuft man zunächst vorbei. Denn der 1970er-Jahre-Bau ist wahrhaft kein Schmuckstück. Doch das Innere hat dafür umso mehr zu bieten. Das kleine Restaurant ist im Fabrik-Loft-Stil gehalten, mit dunklen Holztischen, Samtbänken und einer großen, rundum offenen Bar in der Mitte. Die Getränke- und Speisekarte passt auf zwei Seiten, ist aber durchdacht: Holunderblütenlimo

In Berlin gibt's eine Riesenauswahl an Burgern. Probieren sie mal den im Volta!

und Rhabarbersaft für diejenigen, die gern zu gesunden Trendgetränken greifen; frisch gezapft wird unfiltriertes Eschenbräu (0,4 l für 2,90 Euro), das quasi um die Ecke in der Triftstraße gebraut wird. Der Service zeigt, dass man in Szene-Locations durchaus auch sehr zuvorkommend sein kann.

Als Highlight erweist sich allerdings, was Stephan Hentschel, Küchenchef des Cookies Cream, dem ersten vegetarischen Clubrestaurant der Stadt, auf die Teller zaubert. Schließlich ist er für seine Kreativität und Raffinesse in Sachen Kochkunst über die Grenzen der Stadt hinaus bekannt. Als Starter empfehlenswert: die Kombi aus gerösteter Jakobsmuschel und gebratener Blutwurst an Apfel, Sellerie, Granatapfel mit Dijon-Senf-Mayo. Eine echte Bereicherung ist auch der der Volta-Burger, der für 14,50 Euro mit einer fetten Scheibe Black Angus Beef mit selbstgemachter Barbecuesoße, Cheddar, Speck und einer Riesenladung hausgemachten French Fries (in Pommestüte, wie man sie vom Schwimmbad kennt) daherkommt.

Volta Burger · Di–Sa ab 18 Uhr · Brunnenstr. 73 · 13355 Berlin · Reservierung via SMS an Tel. 0176/77 55 64 22 · Haltestelle: U Voltastraße

Mittlerweile ein echter Klassiker im Kiez wegen des individuellen Menü-Konzepts
Rosa macht Laune, und dann noch dieser Blick auf die Zionskirche gegenüber!

Franzose mit witzigem Menü-Konzept

Muss ein Restaurant eigentlich täglich derart viele verschiedene Gerichte auf der Karte haben, dass Gäste vor lauter Auswahl gar nicht wissen, was sie nehmen sollen? Die Macher des kleinen ländlichen Deutsch-Franzosen Der Hahn ist tot am Zionskirchplatz beweisen mit ihrem kreativen Konzept, dass es auch anders geht.

Im Sommer stehen einige Tische draußen am trubeligen Zionskirchplatz, drinnen wird vor romantischer, rosafarbener Schnörkeltapete stilecht gespeist. Voll ist es immer. Die Speisekarte kommt auf einem hölzernen Klemmbrett daher, auf der das wöchentlich wechselnde Vier-Gänge-Menü (für 21 Euro) steht. Sonst gibt es nichts. Die Getränkekarte glänzt mit ausgewählten Rebsäften von kleineren deutschen und französischen Weingütern, die sich auf Qualitätsweine spezialisiert haben. Als Vorspeise stehen zwei Gerichte zur Auswahl und als Hauptgang vier, eine vegetarische Variante ist auch dabei.

Zum Mitmachen aufgefordert: Wer die Suppe wählt (etwa Fenchel-Zitronen-Cremesuppe mit Safran-Schmand oder Topinambur-Cremesuppe), der schöpft sich diese selbst aus einem großen Suppentopf. Als Zwischengang wird eine große Glasschüssel voll mit Salat auf den Teller gestellt, garniert mit Puy-Linsen und roten Johannisbeeren. »So, hier habt ihr Walnussöl, Olivenöl, Himbeeressig und Weißweinessig, anmachen dürft ihr selber«, erklärt der zuvorkommende Service, der stets bemüht ist, den nächsten Gang zeitlich nach Wunsch auf den Tisch zu bringen.

> Wer Muscheln mag, wird Freude pur empfinden beim Moules-Frites-All-you-can-eat-Buffet, das hin und wieder stattfindet. Wie ein Kurzurlaub in Südfrankreich!

Als Hauptspeise sehr empfehlenswert: das traditionelle *Coq au vin*, das immer Teil der Menüauswahl ist, mit Kartoffelgratin und Ofengemüse – reichlich, lecker und mit Liebe gekocht. Hausgemacht wird definitiv auch der Nachtisch, wie zum Beispiel *Tarte à la vanille* oder im Winter Bratapfel mit Haselnüssen auf Vanillesoße. Unbedingt vorher reservieren!

Der Hahn ist tot · Di–So ab 18.30 Uhr · Zionskirchstr. 40 · 10119 Berlin · Tel. 030/65 70 67 56
www.der-hahn-ist-tot.de · Haltestelle: Tram Schwedter Straße

08 Cocktail trinken in einer versteckten Bar

Charmant, szenig und dabei so unauffällig diskret: Die Bar Buck & Breck in Berlin-Mitte zelebriert die hohe Kunst des Cocktailmixens. Doch wer den Ort nicht kennt, findet auch nicht hinein.

Eher sieht das Schaufenster, das neben der Polizeistation in der Brunnenstraße leuchtet, nach Kunstgalerie oder nach einem ganz typischen Berlin-Shop aus. Kein Schild. Keine Leuchtreklame. Nichts deutet auf das Buck & Breck hin. Nur ein Klingelschild, auf dem »Bar« steht, das ist alles, was eine der besten Bars der Stadt zu erkennen gibt.

Die Bar Buck & Breck bleibt eben gern so inkognito wie möglich. Das könnte daran liegen, dass somit der Hype nur mehr angestachelt wird, oder aber an der Tatsache, dass in der Ein-Raum-Lokalität sowieso nur 14 Leute Platz haben. Als Vierer-Gruppe kommt man leider nur bis zum »Türöffner«, der nach dem Klingeln aufsperrt und einem dann mitteilt, dass der Zutritt maximal zu dritt gewährt wird.

> Wenn man für einen kurzen Moment dem doch sehr trubeligen Bezirk Mitte entfliehen möchte, dann fühlt sich diese Bar mit ihrer fast familiären Atmosphäre einfach perfekt an. Der Stress bleibt draußen.

Die Einrichtung ist minimalistisch in Schwarz gehalten mit einigen goldenen Akzenten. Erlesene Kunstwerke sehr unterschiedlicher Art hängen an den Wänden. Im Mittelpunkt steht ein schwarzer Tresen, ähnlich einer Kochinsel, auf der einen Seite wird gerührt und geschüttelt, auf der anderen sitzen die Gäste. So können Besucher genauestens beobachten, mit wie viel Herzblut der aus Portugal stammende Barmann Gonçalo de Sousa Monteiro arbeitet. Die Flaschen, die er beim Mixen in Windeseile herauszieht, sind mit Farbcodes versehen, Markenangaben Fehlanzeige. Doch darauf kann man sich getrost verlassen: Alles, was auf der Karte steht, ist vom Feinsten wie der Chinese Lady mit Dry Gin, Chartreuse, Grapefruit und Lemon Bitters oder der Port Wine Cocktail mit Port, Cognac, Orange Triple Sec und Aromatic Bitters. Die feinen Drinks gibt es ab etwa 10 Euro. Gut zu wissen: In dieser Bar darf geraucht werden.

Buck & Breck · Tgl. ab 19 Uhr, im Sommer ab 20 Uhr · Brunnenstr. 177 · 10111 Berlin
www.buckandbreck.com · Haltestelle: U Rosenthaler Platz

Neu in der Mini-Bar: ein kleines Zusatzzimmer für den Cocktail deluxe

Das mögen wir ganz besonders: den einzigartigen Shabby-Chic-Mix der Einrichtung.
Frieden und Liebe für alle! Na, das können wir doch alle gut gebrauchen, oder?!

Katz Orange: Restaurant in alter Brauerei

Szene-Restaurants gibt es in Berlin fast so viele wie Apotheken. Ludwig Cramer-Klett wollte mit dem Katz Orange, das Anfang 2012 in einer alten Brauerei in Berlin-Mitte eröffnete, allerdings vordergründig einen Ort des gegenseitigen Austauschs schaffen, an dem Wert auf organisches Gourmet-Food gelegt wird.

Wie viele szenige Locations liegt auch diese etwas versteckt in einem Hinterhof. Das Katz Orange befindet sich in der ehemaligen Josty-Brauerei, einem anmutigen Backsteinbau, der in seiner Pracht fast an eine Kirche erinnert. Bis August 2011 war in dieser das Restaurant Maxwell beheimatet.

Angekommen umhüllt einen heimelige Behaglichkeit: Beim Inventar wurde mit viel Holz und jeder Menge hochwertigem Trödel, der aus der ganzen Welt zusammengetragen wurde, gearbeitet – akzentuiert mit einigen wenigen Kunstwerken, die suggerieren, dass dieser Ort seiner Zeit etwas voraus ist. Trendy eben. Der Betreiber Ludwig Cramer-Klett begrüßt seine Gäste persönlich, der Service verhält sich professionell und gleichermaßen lässig. Die beiden Speisekartenblätter (auf Englisch und Deutsch) werden auf einem Klemmbrett gereicht.

Was man wissen sollte: Die Auswahl im Katz Orange ist nicht besonders groß, dafür aber exquisit, alles ist bio. Es wird nach der Maxime Tiere und Pflanzen sollen nett behandelt werden gearbeitet. Vorneweg gibt es frisches, gutes Brot von Soluna einer Traditionsbäckerei aus Kreuzberg. Andere regionale und lokale Hersteller sind Carlos Gemüse-Raritäten aus der Uckermark, die Fischerei Lechler aus Caputh, die Markthalle Neun aus Berlin-Kreuzberg oder Guido Richard's Wild aus Fürstenberg. Dass die Qualität der Speisen erster Güte ist, ist damit hinreichend bewiesen.

Besonders lecker schmecken übrigens die frisch geschnittenen Pommes Frites, die in Biogänseschmalz ausgebacken und im Körbchen gereicht werden (6 Euro). Dazu gibt es einen selbstgemachten Avocado- oder Blauschimmelkäse-Dip.

Katz Orange · Tgl. ab 18 Uhr · Bergstr. 22 · 10115 Berlin · Tel. 030/983 20 84 30
www.katzorange.com · Haltestelle: S Nordbahnhof · Tram Pappelplatz

Staunen in der
Wunderkammer Olbricht

Eine Ausstellung, bei der nicht einfach nur Kunstwerke an den Wänden hängen, sondern der Besucher vielmehr etwas erleben und erfahren kann, bietet die Wunderkammer Olbricht – eine Welt voll von Schätzen und Kuriositäten.

Ob das wundersame Einhorn, der Kokosnuss-Pokal von Alexander von Humboldt mit Darstellungen brasilianischer Kannibalen oder Präparate eines Nilkrokodils – die Wunderkammer Olbricht im Bezirk Mitte schafft genau das, was schon vor 500 Jahren Ziel der Kunst- und Wunderkammern gewesen ist, nämlich die Menschen zum Staunen zu bringen.

Wunderkammern waren zu Zeiten der Renaissance und im Barock tatsächlich Sammlungsräume, in denen kostbare Kunstwerke, seltene wissenschaftliche Instrumente, Objekte aus fernen Ländern, Naturalien sowie unerklärliche Dinge aufeinandertrafen. Damit wurde auch der aktuelle Forschungs- und Kenntnisstand der Gesellschaft wiedergegeben. Berlin hatte übrigens Ende des 16. Jahrhunderts auch eine Königliche Kunstkammer, ins Leben gerufen von Kurfürst Joachim II. – heute sind deren noch erhaltene Objekte auf verschiedene Museen verteilt. Die Wunderkammer Olbricht führt diese Tradition fort. Über 300 Objekte, und damit eine der bedeutendsten privaten Wunderkammersammlungen ihrer Art, sind in zwei Räumen zu sehen, dazu kommen wechselnde Ausstellungen zeitgenössischer Kunst.

> **Das Erlebte bei einem selbstgebackenen Kuchen im lichtdurchfluteten, detailverliebten Café des Hauses noch mal Revue passieren lassen und gedanklich in der Welt der Wunder schwelgen.**

Tipp für Familien: Für Kinder und Jugendliche gibt es Angebote wie die Schnitzeljagd durchs Haus, wobei die Kleinen auf Piratenspuren wandern und am Ende eines ereignisreichen Tages einen wahren Sammlungsschatz mit nach Hause nehmen können. Zudem sind Wunderkammer-Audioguides für die ganze Familie erhältlich: Es gibt eine Fassung für Erwachsene und eine Version, die speziell von Kindern für Kinder entwickelt wurde.

me Collectors Room Berlin / Stiftung Olbricht · Mi–Mo 12–18 Uhr · Auguststr. 68 · 10117 Berlin
Tel. 030/86 00 85 10 · www.me-berlin.com · Haltestelle: S Oranienburger Str. · S Oranienburger Tor

Neugierige vor! Lassen Sie sich von den Kuriositäten ins Staunen versetzen. Im me Café gibt's Kuchen, aber auch hausgemachte Suppen, Salate und Co.

Chillen mit Blick auf den Fernsehturm: Das ist Berlin, wie wir es lieben!
Sie steht nicht mehr so oft hinterm Tresen: Starköchin und Bäckerin Sarah Wiener.

Die Dachterrasse des Hotel AMANO

Nur einer von vielen Places-to-be an lauen Sommernächten: Die Dachterrasse auf dem Hotel AMANO punktet mit durchdesigntem Ambiente, sehr guten Cocktails und einem atemberaubenden Blick. Das Design der rund 185 Quadratmeter großen Holzterrasse stammt von der Hamburger Garten- und Landschaftsarchitektin Anja Knoth in Zusammenarbeit mit dem Architektur- und Design-Unternehmen Büro Gold, das seinen Hauptsitz in Tel Aviv hat. Nicht eben günstig, aber sehr zu empfehlen, sind die Cocktails wie der Paloma mit Agave-Tequila, Grapefruitsoda und Meersalz.

Dachterrasse des Hotel AMANO · Mo–Fr 17–24, Sa, So ab 16 Uhr, wetterabhängig
Auguststr. 43 · 10119 Berlin · Tel. 030/809 41 50 · www.amanogroup.de
Haltestelle: U Rosenthaler Platz

Brötchen holen in Sarah Wieners Bio-Bäckerei

Wer auf frisch gebackenes Brot, süßes wie herzhaftes Gebäck und Kuchen in Bio-Qualität steht, dem sei ein Besuch in Sarah Wieners Holzofenbäckerei Wiener Brot in Berlin Mitte empfohlen.

Der kleine Laden in der Tucholskystraße ist nach der Eigentümerin benannt, der Restaurantunternehmerin Sarah Wiener. In ihrer Bäckerei zählt das reine Roggenbrot aus sehr zeitaufwendig erstelltem Sauerteig zu den Verkaufsrennern. Es wird – wie alles andere im Sortiment – im Steinofen gebacken. Empfehlenswert sind auch die französischen Brioches, die Linzer Torte sowie die Marillenfleckerl. Außerdem sonst nirgends in Berlin zu kriegen: sogenannte Mohnflesserl, mit Mohn und Salz bestreute Brötchen.

Wiener Brot · Mo–Fr 7–19, Sa 8–16 Uhr · Tucholskystr. 31 · 10117 Berlin · Tel. 030/32 51 65 26
www.wienerbrot.de · Haltestelle: S Oranienburger Straße

Cowshed Spa
im Soho House

Kommen Hollywoodstars in die Stadt, nächtigen sie im Soho House. Auch für Berliner Promis zählt der mächtige Bau an der geschichtsträchtigen Torstraße 1 zu den Hotspots der Stadt, sind sie dort schließlich unter sich. Was viele nicht wissen: Für den Zutritt ins großartige Cowshed Spa im Keller brauchen Besucher keine Mitgliedschaft.

George Clooney, Heidi Klum, Madonna – möchte man in Berlin einem Star begegnen, hat man gute Chancen, wenn man sich am Soho House postiert. Das exklusive Clubhaus lässt nur Mitglieder zu.

Doch auch »normale« Besucher erhalten Zutritt, wenn sie sich im Wohlfühl-Spa entspannen, hübsch machen lassen oder exklusive Kosmetik kaufen möchten. Gearbeitet wird nämlich mit den in Deutschland noch nicht so stark verbreiteten Naturpflegeprodukten von Cowshed. Die Marke war 1998 eine der ersten, die sich auf Produkte mit 100 Prozent organischen, fair gehandelten und natürlich angebauten ätherischen Ölen spezialisiert hat. Sie hat ihren Ursprung in einem alten Kuhstall in Somerset. Das Holz für die Verkleidung der Wände stammt sogar tatsächlich aus alten Kuhställen der Region Brandenburg. Für eine halbstündige Massage (für 50 Euro) darf zwischen verschiedenen, herrlich duftenden Aromaölen gewählt werden: Horny, Lazy oder etwa Moody Cow, je nach Stimmungslage. Aber auch die lange Geschichte des Hauses sollte kurz Erwähnung finden: Schließlich war das ehemalige Kaufhaus Jonass das erste Kreditwarenhaus Berlins.

Es wurde 1929 eröffnet, wenige Jahre später wurden die jüdischen Besitzer allerdings enteignet und der mehrstöckige Komplex Sitz der Hitlerjugend. Nach dem Zweiten Weltkrieg diente das Gebäude, »Haus der Einheit« genannt, als Zentrale der SED. Seit dem Jahr 2010 hat das Soho House hier seinen Sitz.

> **Im Cowshed-Shop gleich einen Raumduft für zu Hause kaufen – dann hält das Entspannungsgefühl umso länger an.**

Cowshed Spa im Soho House Berlin · Mo–Fr 8–22, Sa, So 10–22 Uhr · Torstr. 1 · 10115 Berlin
Tel. 030/405 04 41 30 · www.sohouseberlin.com/de/cowshed-spa
Haltestelle: U Rosa-Luxemburg-Platz · Tram Mollstraße/Prenzlauer Allee

Brit Chic meets »Kuhstall«-Atmo: Hauptsache alles entspannt im Cowshed Spa.

Kurz mal entfliehen in eine andere Welt. Schuhe aus, Tee bestellen und genießen!

Tadshikische Teestube: märchenhaft Tee genießen

Aus dem Palais am Festungsgraben, wo sie seit 1974 beheimatet war, musste der beliebte Ort im April 2012 ausziehen. Ein halbes Jahr später eröffnete die Tadshikische Teestube mit ihrer denkmalgeschützten Einrichtung aus kostbarem Sandelholz in der Oranienburger Straße. Der fantastische Kurztrip in den Orient ist in dieser Teestube garantiert.

Fast unheimlich, wie sehr die Neue der Alten ähnelt! Wer durch den Hinterhof der Oranienburger Straße 27 geht und in die Tadshikische Teestube eintritt, fühlt sich zurückversetzt in die Märchenwelt Tadschikistans, aber auch in das Palais am Festungsgraben.

Denn die neue Heimat wurde anhand ihrer perfekten Maße für die gesamte Einrichtung ausgewählt: Zum Glück fanden die Betreiber die Räumlichkeiten, in der sie eine genaue Rekonstruktion mit den alten Hölzern vornehmen konnten. Für den Umzug wurde jeder Balken nummeriert und Stück für Stück ab- und genauso auch wieder aufgebaut. Schließlich hatte das ja schon einmal geklappt: Ursprünglich stand der märchenhafte Ort 1974 im sowjetischen Pavillon auf der Leipziger Messe. Als Symbol ihrer Verbundenheit schenkte die UdSSR sie danach der DDR-Gesellschaft für deutsch-sowjetische Freundschaft und so zog die Tadshikische Teestube damals nach Berlin um – und wurde als kulinarische Insel der Ruhe in so ziemlich jedem Reiseführer angepriesen. Umso schöner, dass sich die Teestube ihr exotisches Flair bewahren konnte.

> Montags bei der »Märchenhaften Teestunde« mal völlig abschalten und sich ins Reich der Fantasie begeben.

Der Umzug konnte den Sandelholzsäulen, den orientalischen Sitzkissen, Gemälden und bunten Teppichen nichts anhaben. Nach wie vor kann der Gast hier Schuhe und Sorgen vor der Tür lassen, sich in ein Meer von Kissen fläzen und bei einer orientalischen Trinkzeremonie Tee aus dem silbernen Heißwassersamowar, Soljanka und andere Köstlichkeiten genießen.

Tadshikische Teestube · Mo–Fr ab 16, Sa, So ab 12 Uhr · Oranienburger Str. 27 (im KunstHof)
10117 Berlin · Tel. 030/204 11 12 · www.tadshikische-teestube.de
Haltestelle: S Oranienburger Straße

15

Kennedy Museum: in der Jüdischen Mädchenschule

Fans des legendären Kennedy-Clans haben eine Pilgerstätte: die Jüdische Mädchenschule in der Auguststraße. Dort hat das Museum, das die Familiengeschichte von John F. Kennedy & Co. eindrucksvoll zeigt, seit Herbst 2012 seinen neuen Sitz.

Der Original-Louis-Vuitton-Koffer von John F. Kennedy mit seinen Initialen, die Schlüssel, mit denen er das Weiße Haus öffnete, sowie viele Schwarz-Weiß-Fotografien einer schicksalsgebeutelten Familie bleiben einem nach dem Besuch im THE KENNEDYS Museum im Gedächtnis.

Bis 2006 hatte das Museum seinen Sitz am Pariser Platz. Seit November 2012 befindet es sich auf rund 500 Quadratmetern im zweiten Stock eines ebenfalls historischen Ortes: in der Jüdischen Mädchenschule in Mitte. Diese wurde 1930 nach den Plänen des jüdischen Architekten Alexander Beer gebaut und war zu DDR-Zeiten bis 1996 Sitz der Bertolt-Brecht-Oberschule. 2009 wurde der Jüdischen Gemeinde zu Berlin das Haus offiziell übergeben, bis 2012 wurde es denkmalgerecht saniert und seitdem beherbergt es Szene-Gastronomie sowie Kunstausstellungen.

> **Nach einem Besuch in der Welt der irisch-amerikanischen Dynastie ein Pastrami-Sandwich im Mogg & Melzer im Erdgeschoss essen und authentische New Yorker Deli-Luft schnuppern.**

Das Museum THE KENNEDYS hat drei neue Themenbereiche bekommen: der Wahlkampf, der Mythos Kennedy und der Berlin-Besuch von 1963. Damals hielt John F. Kennedy seine berühmte Rede vor dem Schöneberger Rathaus und wurde mit dem Satz »Ich bin ein Berliner« für die Berliner unsterblich.

Mit der Präsentation von zahlreichen Fotografien, privaten Schriftstücken und Memorabilien würdigt das weltweit zweitgrößte Museum zur Geschichte der Familie Kennedy nicht nur das politische und soziale Engagement, sondern auch die Beziehung der Kennedys zur Stadt Berlin. Der Besucher erhält einen tiefen Einblick in das Privatleben und das politische Leben von »Amerikas königlicher Familie«.

Museum THE KENNEDYS · Di–Fr 10–18, Sa, So 11–18 Uhr · Auguststr. 11–13 · 10117 Berlin
Tel. 030/20 65 35 70 · www.thekennedys.de · Haltestelle: S Oranienburger Straße

Natürlich kann man sich im Museum THE KENNEDYS legendäre Rede anhören und anschauen.
Jede Menge Sammlerstücke lassen den Besucher staunend zurück.

Der lichtarme Bunker samt luftigem Loft on top: Diese Ausstellung ist ein Muss!

Beeindruckende Boros Collection

In unmittelbarer Nähe zum Friedrichstadtpalast betreibt ein Ehepaar ein 3000 Quadratmeter großes und noch ungewöhnlicheres Kunsthaus – die Sammlung Boros. Das ist keine bloße Ausstellung, sondern vielmehr eine kleine Festung mitten in der Stadt.

Beeindruckend ist schon der Bau an sich: 1942 wurde er als Schutzraum für die Zivilbevölkerung gebaut, später als Kriegsgefängnis und aufgrund seiner stetig kühlen Temperatur auch als Lager für Bananen genutzt, was ihm auch den Namen Bananenbunker einbrachte.

2003 kaufte Christian Boros den Bunker und ließ ihn fünf Jahre lang umbauen. Es entstand eine imposante Fläche für Kunstwerke und Installationen sowie ein Loft für sich selbst auf dem Dach. Von 2008 bis 2012 war die erste Ausstellung zu sehen, bei der vor allem Ólafur Elíasson, ein Freund von Boros, mit seinen irritierenden sowie faszinierenden Werken in halbrestaurierten Betonwänden punktete. Die zweite Ausstellung, die zwischen 2012 und 2016 über 200 000 Besucher verzeichnen konnte, setzte auf Namen, die den Kunstboom Berlins mitgeprägt haben, darunter John Bock oder Anselm Ryle. Nun, in der aktuellen dritten Schau sind Werke der 1990er und 2000er zu bestaunen. In den umgestalteten, aber immer noch rohen Bunkerräumen

> Zumindest im Buch »Freunde von Freunden« (im Bunker-Shop erhältlich) einen Blick in Boros' großartiges Loft erhaschen, das man am liebsten gleich auch besuchen möchte.

hängen Bilder an den Wänden oder verlangen Skulpturen nach Aufmerksamkeit. Interessant daran ist, dass kaum ein Werk speziell für »seinen« Raum angefertigt wurde – es aber trotzdem oft auf den Zentimeter genau passt. Die poppigen Gemälde von Michel Majerus, der 2002 bei einem Flugzeugabsturz ums Leben kam, nehmen viel Raum in Anspruch. Nachhaltig im Gedächtnis bleiben einem auch Arbeiten von Martin Boyce oder Shooting-Star Katja Novitskova, die während einer Führung gezeigt werden. Unbedingt frühzeitig online anmelden, die Führungen sind schnell ausgebucht!

Boros Bunker · Do–So zu unterschiedlichen Zeiten · Eintritt nur in Verbindung mit einer 90-minütigen Führung möglich · auf Deutsch oder Englisch · Reinhardtstr. 20 · 10117 Berlin Anmeldung unter www.sammlung-boros.de · Haltestelle: U Oranienburger Tor

17

Entspannen über den Dächern der Stadt

Möchte man einfach mal einen Tag ausspannen, geht's am besten hinaus aufs Dach des Grand Hyatt Hotel am Potsdamer Platz. Dort bietet der Club Olympus Spa & Fitness wohltuende Ruhe und riesige Panorama-Fenster, durch die der Gast das Herz Berlins während des Schwimmens im Pool überblickt. Einzigartig ist außerdem die begrünte 250-Quadratmeter-Dachterrasse: Auf den Liegen lässt es sich im Sommer hier wunderbar sonnenbaden. Fitnessraum, Sauna, Whirlpool, Dampfbad und jede Menge kosmetische Behandlungen wie fernöstliche Entspannungsrituale ergänzen das Angebot. Obst und Getränke stehen gratis bereit. Die Tageskarte kostet 70 Euro.

Club Olympus · tgl. 6–23 Uhr · Marlene-Dietrich-Platz 2 · 10785 Berlin
Tel. 030/25 53 15 90 · www.berlin.grand.hyatt.de · Haltestelle: S/U Potsdamer Platz

18

Alter Grenzturm am Potsdamer Platz

Insgesamt standen früher 302 Wachtürme an den DDR-Grenzsicherungsanlagen. Von dort aus hatten die Grenzwächter den sogenannten Todesstreifen im Blick. Der einzige seiner Art im Bezirk Mitte ist der Rundblick-Turm mit achteckiger Kanzel in der Erna-Berger-Straße, ganz in der Nähe des Potsdamer Platzes und doch etwas versteckt liegend. Im Jahr 1969 ist der zwölf Meter hohe Turm entstanden, er wurde allerdings aufgrund von Bebauungsmaßnahmen nach der Wiedervereinigung rund acht Meter in östliche Richtung verschoben. Das Original-Relikt aus der Mauerzeit steht seit 2001 unter Denkmalschutz – mittlerweile kann der Turm auch von Besuchern bestiegen werden.

Grenzturm · tgl. 11–17 Uhr (außer bei Regen) · Erna-Berger-Straße · 10117 Berlin
Haltestelle: S/U Potsdamer Platz

Schwimmen mit Aussicht: Dieses Erlebnis gibt's im Spa des Grand Hyatt Hotels.
Er liegt abseits des Trubels: der alte Grenzturm in der Erna-Berger-Straße.

Eleganz gepaart mit Geschichte: Im ehemaligen Tresorraum kann man nun schwimmen.
Jede Menge süße Leckereien werden beim klassischen Afternoon Tea serviert.

Ein Tag Luxus, bitte!

Sich einen Tag mal einfach königlich fühlen, das geht gut im luxuriösen Hotel de Rome und zwar auch ohne dort zu übernachten. Erst eine Runde im längsten Hotel-Pool der Stadt schwimmen und dann zum klassischen Afternoon Tea – das ist Entspannung pur!

Wer Wellness in Berlin machen möchte, der kann ins mittlerweile stadtbekannte Vabali Spa gehen oder sich eines der Berliner Hotel-Spas aussuchen. Nicht überall sind Nicht-Hotelgäste erwünscht, im Hotel de Rome schon! In dem Fünf-Sterne-Superior-Haus am geschichtsträchtigen Bebelplatz, das zu den Rocco Forte Hotels gehört, befand sich von 1889 bis 1945 der Hauptsitz der Dresdner Bank – und dort, wo damals Gold und Juwelen gelagert waren, also im Tresorraum, darf heute auf 800 Quadratmetern entspannt werden. Neben dem 20 Meter langen, von Säulen eingerahmten Pool stehen eine Finnische Sauna, ein Dampfbad mit Aromatherapie und ein Fitnessstudio für die Spa-Gäste zur Verfügung. Die Day-Spa-Karte gibt es ab 45 Euro pro Person, inkl. Getränken, Obst, Bademantel und Handtüchern, nutzbar von Montag bis Freitag. Massagen und Kosmetikbehandlungen sind natürlich buchbar – ab Buchung einer 60-minütigen Behandlung ist der Eintritt ins Spa übrigens frei.

Sich im Spa in den ultraweichen Bademantel kuscheln, den frischen Ingwertee neben sich, das leise Plätschern des Pools im Ohr, und die Großstadt ist meilenweit entfernt.

Der Business-Lunch im hauseigenen Restaurant La Banca ist in Kombination sehr zu empfehlen. An lauen Sommernächten bietet sich auch ein Besuch der legendären Dachterrasse an. Aber um das royale Gefühl abzurunden, würden wir an einem Freitag, Samstag oder Sonntag noch den Afternoon Tea vorschlagen. Die Tradition wird hier nach Vorbild des Londoner Schwesterhotels Brown's gepflegt. Entsprechend gibt's eine beachtliche Tee-Auswahl, dazu eine Etagere mit Sandwiches, Scones und Petit Fours sowie eine Candybar und eine Kuchenauswahl (für 39 Euro pro Person). Bitte unbedingt vorher reservieren!

Hotel de Rome Berlin · De Rome Spa: Mo–Fr 7–21, Sa, So 8 20 Uhr
Afternoon Tea: Okt.–April Fr–So 14–18.30 Uhr · Behrenstr. 37 · 10117 Berlin · Tel. für Spa-Buchung
030/46 06 09 11 60 · www.roccofortehotels.com · Haltestelle: U Hausvogteiplatz

20 Sonnenuntergang auf der Modersohnbrücke

Fast so voll wie in den beliebtesten Szene-Locations ist es im Sommer auf der Modersohnbrücke. Zahlreiche Friedrichshainer kommen dann hier zusammen, um kollektiv den Sonnenuntergang zu betrachten und Großstadtromantik zu genießen.

Warum das so ist? Nun, die Brücke ist so konstruiert, dass die Fahrbahn innen vom Fuß- und Radweg getrennt ist – so kann man sich niederlassen, ohne den hier sowieso spärlichen Verkehr großartig beachten zu müssen. Und: Der Blick auf die untergehende Sonne ist an dieser Stelle schön frei. Das liegt an den S-Bahn-Linien, die unter der Brücke entlanglaufen; so kann kein Häusermeer unmittelbar die Sicht versperren.

Die Stabbogenbrücke – von den Berlinern auch liebevoll als »Sunset Bridge« bezeichnet – wurde zwischen 2000 und 2002 nach Planungen des Büros Gauff GmbH und des Berliner Architekten Hans-Günther Rogalla er-

Sonnenuntergang urban: Schienen, Baukräne, Fabriken – und der Fernsehturm

richtet. Die Bauausführung der rund 71 Meter langen und 20 Meter breiten Konstruktion kostete die Stadt Berlin rund fünf Millionen Euro. Benannt wurde die beliebte Brücke, welche die Ost-West-Achse der Berliner S-Bahn überspannt, nach dem deutschen Landschaftsmaler Friedrich Wilhelm Otto Modersohn.

An lauen Nächten wird das romantische Naturspektakel hier übrigens fast zu einer Art kleinem Straßenfest, so viele Fans finden sich an der Brücke zwischen Warschauer Straße und Ostkreuz zusammen. Dann wird Bier miteinander getrunken, Musiker trällern ihre Lieder, ab und an rattert ein Zug unten durch. Und wen es nach dem Untergang der Sonne noch nicht nach Hause zieht, der bewegt sich einfach in Richtung Boxhagener Kiez, wo sich eine Kneipe an die nächste reiht.

> Hier die Sonne untergehen zu sehen, ist schlicht atemberaubend und wunderschön. Funktioniert übrigens fast genauso gut auf dem Kreuzberger Pendant, der Admiralbrücke.

Allerdings empfiehlt es sich nicht nur an Silvester, sondern eigentlich an jedem schönen Wochenende, schon früh auf die Modersohnbrücke zu kommen – Sitzplatzreservierungen gibt es schließlich nicht.

Modersohnbrücke · 10245 Friedrichshain · Haltestelle: S Warschauer Straße

Das beliebteste Outlet der Stadt

Das Berliner Online-Unternehmen Zalando hat Anfang April 2012 in Kreuzberg einen Outlet-Store eröffnet. Klamotten, Schuhe und Accessoires von 500 verschiedenen Marken können bis zu 70 Prozent günstiger eingekauft werden. Mittlerweile muss man sich vor dem Einkauf keine Zalando Outlet Card mehr besorgen.

Sehen, anfassen, anprobieren – für viele Käuferinnen und Käufer immer noch die besten Argumente, nicht online, sondern vor Ort einzukaufen.

Im Outlet-Store des Versandriesen Zalando am Kreuzberger Spreeufer gibt es die Produkte offline sowie zwischen 30 und 70 Prozent reduziert: über 500 Marken auf rund 800 Quadratmetern und drei Etagen. Das Angebot an Textilien, Schuhen und Accessoires wechselt dabei sogar täglich. Vor allem zum Schuh-Shoppen lohnt sich ein Besuch in dem großzügigen Backsteingebäude, denn bei der Fußbekleidung ist die Auswahl besonders groß. Klar, schließlich hat Zalando seine Wurzeln im Schuhgeschäft.

Für Entscheidungsunfreudige gut zu wissen: Wenn man sich bei seiner Wahl nicht so ganz sicher ist, kann man sich maximal drei Favoriten bis zum Ende des Folgetages zurücklegen lassen.

Wo man früher noch die Zalando Outlet Card benötigt hat, um sich hier austoben, also ausgiebig shoppen zu können, ist das mittlerweile kein Muss mehr. Der Zutritt ist für alle uneingeschränkt möglich. Die Karte gibt's zwar immer noch, aber sie ist mittlerweile nur noch Kundenkarte, mit der man exklusiven Zugang zu Rabattaktionen, besonderen Deals und speziellen Shopping-Events erhält.

Praktisch: Mitgebrachte Taschen und Mäntel werden vor Ort in Schließfächern verstaut, sodass das Einkaufsvergnügen durch nichts gestört wird.

Tipp: Wer noch weiter shoppen will, geht direkt nebenan an der Köpenicker Straße 18–20 in das EXIL Wohnmagazin, das mit stilvollen Möbeln und Wohnaccessoires punktet. Die nötige Stärkung holen sich Besucher im Sage Restaurant, das sich ebenfalls auf dem Gelände befindet.

Zalando Outlet · Mo–Sa 10–20 Uhr · Köpenicker Str. 20 · 10997 Berlin
Tel. 08 00/330 09 96 · www.zalando-outlet.de/berlin
Haltestelle: U Schlesisches Tor · Bus Manteuffelstraße/Köpenicker Straße

Ein klassisch loftiges, imposantes Backsteingebäude beherbergt das Zalando Outlet.
Schuhe, soweit das Auge reicht! Vor allem Frauen sollten hier etwas Zeit einplanen …

Minigolf bei Schwarzlicht

Perfekt für den nächsten Familienausflug: Eine Fantasiereise gepaart mit einer Partie Minigolf wird in der Indoor-Schwarzlicht-Minigolfanlage im Görlitzer Park geboten. Und das ist nicht nur für die Kleinen ein besonderes Erlebnis.

Große und kleine Minigolfer, die in dieser Anlage im Görlitzer Park einen Bahnrekord brechen wollen, brauchen jede Menge Konzentration. Schließlich leuchtet alles um einen herum in schrillen bunten Farben um die Wette: Die fluoreszierende Kulisse ist ein Schauspiel für sich.

Die Anlage in den Kellerräumen des Parkcafés im Görlitzer Park gibt es seit 2010. Gestaltet wurden die Fantasiekulissen von einer Berliner Gruppe namens Sinneswandeln, die sich auf Installationen mit Schwarzlicht spezi-

Mitten im »Görli« darf hier im Dunkeln Minigolf gespielt werden. Ein Erlebnis!

alisiert hat. Die Stationen der Minigolfanlage, die 18 Bahnen beherbergt, nehmen den Besucher mit auf eine traumartige Reise: zum Mond, auf den Grund des Meeres, nach Berlin, wo die Goldelse und ein Stück der Mauer glitzern und wieder zurück. Das intensive Leuchten der Farben ist dabei übrigens den Röhren an der Decke geschuldet, die Licht von einer Wellenlänge ausstrahlen, die der Mensch nicht wahrnehmen kann. Wenn die Strahlen aber auf fluoreszierende Stoffe treffen, lassen sie diese erstrahlen.

Nach der Minigolfpartie oder auch einer Runde Schwarzlicht-Tischtennis kann man sich im Familiencafé ausruhen. Besser nicht am Wochenende besuchen, denn da kann es schon mal sehr voll werden. Reservieren (auch online möglich) ist Pflicht. Alternativ kann man auch den Standort in Reinickendorf (Am Borsigturm) besuchen.

Übrigens: Hier im Underground kann man auch eine garantiert unvergessliche Kindergeburtstagsparty ausrichten.

Schwarzlicht Minigolf Berlin · Mo–Do 14–22, Fr 14–24, Sa 10–24, So 10–22 Uhr
6,50 Euro · Görlitzer Str. 1 · im Görlitzer Park · Haus 1 (Eingang Ecke Skalitzer Str./Görlitzer Str.)
10997 Berlin · Tel. 030/61 62 19 60 · www.indoorminigolf-berlin.de
Haltestelle: U Görlitzer Bahnhof

Street Food Thursday

An einem Abend geht die kulinarische Reise von London über Bangkok nach Lima. So landen beim Street Food Thursday in der Markthalle Neun peruanische Ceviche, thailändische Dumplings und britische Pies auf dem Teller. Über 20 Köche sorgen dafür, dass internationale Speisen authentisch genossen werden können. Street Food, also »Bürgersteig-Delikatessen«, liegt in Berlin im Trend; mobile Imbisse verkaufen aus alten Trucks heraus am Straßenrand. Die Street-Food-Thursday-Macher wollen zeigen, dass Berlin mehr kann als Currywurst und Döner. Für die Idee wurden sie von der Stadt als »Gastronomischer Innovator 2013« ausgezeichnet.

Street Food Thursday in der Markthalle Neun · Do 17–22 Uhr · Eisenbahnstr. 42/43 · 10997 Berlin
Tel. 030/61 07 34 73 · www.markthalleneun.de · Haltestelle: U Görlitzer Bahnhof · Bus Wrangelstr.

Panoramablick über Kreuzberg

Die Sankt-Michael-Kirche am Engelbecken, den Gasometer, das Tempodrom, den Fernsehturm, die Sankt-Bonifatius-Kirche – aus den Fenstern der Kantine Kreuzberg im zehnten Stock des Rathauses hat man alles im Blick.

Jeden Mittwoch gibt es frische Waffeln.

Viele Besucher kommen auch wegen des Essens hierher: Zur Auswahl stehen meist fünf Gerichte zwischen 3 und 6,50 Euro. Der Schwerpunkt liegt auf Hausmannskost. Jeden Tag wird ein Eintopf oder eine Suppe für 3 Euro angeboten. Man kann von hier oben aus übrigens auch hervorragend die Sonne aufgehen sehen und bei atemberaubender Aussicht frühstücken.

Kantine im Rathaus Kreuzberg · Im Rathaus Kreuzberg · Mo–Fr 7–15 Uhr · Yorckstr. 4–11
10965 Berlin · Tel. 030/251 63 46 · www.kantine-kreuzberg.de · Haltestelle: U Mehringdamm

Akupunktur, die sich jeder leisten kann

Eine besondere Adresse aus dem Bereich Gesundheit ist die im Februar 2013 eröffnete Praxis BERLINAKUPUNKTUR in Kreuzberg. Das Besondere: Der Patient bezahlt für eine Akupunktur nach dem Prinzip der sogenannten Working Class Acupuncture nur so viel er kann und möchte – ab einem Mindestpreis von 21 Euro.

Der Begriff *Working Class Acupuncture* bedarf einer Erklärung: Diese Art der Behandlung, auch als *Community Acupuncture* bezeichnet, ist in England und den USA in sogenannten Multibed Acupuncture Clinics schon weitverbreitet und beliebt. Im Grunde bedeutet das einfach, dass Akupunktur auch für die »Otto Normalverbraucher« möglich wird. Schließlich soll jeder von der effektiven Behandlungsmethode profitieren, ohne dass eine Selektion nach dem Geldbeutel stattfindet. Der Patient bestimmt selbst, wie viel er zahlt.

Dieses Konzept fand Roland Beißel, Heilpraktiker und diplomierter Akupunkteur, nachahmenswert. Deshalb startete er seine eigene Pilotpraxis in Kreuzberg – die erste dieser Art in Deutschland. »Wir hoffen mit BERLINAKUPUNKTUR einen neuen und für alle Beteiligten erfolgreichen Weg zu gehen, der es Menschen aller Einkommensgruppen ermöglicht, die Vorzüge von Akupunktur am eigenen Körper zu erfahren«, erklärt er. Zum Team gehören Therapeuten und Therapeutinnen mit Ausbildungen und Spezialisierungen verschiedener deutscher und chinesischer Insititute.

Akupunktur wird als Behandlung bei vielen Beschwerden wie bei Migräne oder chronischen tiefen Rückenschmerzen angewendet. Innerhalb einer Sitzung, die 30 bis 60 Minuten dauert, werden zwischen zwei und zehn Nadeln gesetzt. Der Patient kann sich tief entspannen, bis die Nadeln wieder entfernt werden. Gut zu wissen: Die Behandlung wird im Raum mit anderen durchgeführt, Trennwände sorgen für Privatsphäre.

Nach der Entspannung einfach gleich den besten New York Cheesecake der Stadt bei Barcomi's probieren – das Café befindet sich in der Bergmannstraße 21.

BERLINAKUPUNKTUR · Im Gesundheitszentrum Bergmannstr. · Haus 1, 2 OG
Bergmannstr. 5 · 10961 Berlin · Tel. 030/35 30 66 54 · www.berlin-akupunktur.com
Haltestelle: U Gneisenaustr. · Bus Marheinekeplatz

Jetzt an neuer Adresse in Friedrichshain daheim: das Team des Pfefferhauses
Jede Menge Soßen, exotische Gewürze und kulinarische Geschenke stehen bereit.

Ein Besuch im Pfefferhaus

Zu den schärfsten Orten der Stadt zählt sicher das Pfefferhaus. Köche, Food-Liebhaber und natürlich Fans des feurigen Geschmacks finden in dem Laden alles rund um die Chili – von frischen Exemplaren über Soßen und Gewürze aus aller Welt bis hin zu Kochbüchern und würzigen Schokoladen.

Nach knapp acht Jahren am Alexanderplatz, befindet sich Berlins erstes Chili-Fachgeschäft nun im bunten Friedrichshainer Kiez, nahe dem Boxhagener Platz. Das Pfefferhaus ist hervorragend für experimentierfreudige Hobbyköche wie Gastro-Profis, Chili-Junkies und alle, die sich gern in die Welt der Schärfe und der exotischen Gewürze entführen lassen wollen. Geschäftsführer Felix Eichholtz erklärt: »Chili ist ein unglaublich vielfältiges und vor allem äußerst gesundes Gewürz. Außerdem steigt bei geübten Zungen mit der Schärfe auch die Intensität des Geschmacks! Dass man zum Schärfen wiederum auf dutzende Sorten Chili und Pfeffer zurückgreifen kann, ist vielen immer noch nicht bewusst.«

Besuchern wird der Unterschied zwischen der Habanero Madame Janette, der Naga Jolokia oder einer Jalapeno geduldig erklärt. Wer befürchtet, hier kriege man nur Waren, die einem die Tränen in die Augen treiben, dem sei Folgendes gesagt: Natürlich gibt es auch milde Varianten der Paprika in den hübschen Holzregalen und zudem jede Menge Köstlichkeiten wie etwa Klassiker aus der Küche Mexikos oder Jamaikas. Manche beliebte Produkte aus den USA sind im Berliner Einzelhandel nur im Pfefferhaus zu haben – das lockt zahlreiche Stammgäste. Neben Chilis und Saatgut mit Tipps zur Selbstanzucht stehen unterschiedliche Hot-Soßen, leckere Chili-Chips oder spezielle Gewürze und Gewürzmischungen aus aller Welt im Regal. Vor allem die hausgemachten Produkte sind zu empfehlen! Natürlich darf auch getestet werden. Der Laden ist aus einem Onlineshop heraus entstanden. Wer also nur zu Besuch in Berlin ist, der kann sich später auch bequem von zu Hause aus mit den Produkten eindecken.

Pfefferhaus · Mo–Sa 11–20 Uhr · Niederbarnimstr. 11 · 10247 Berlin · Tel. 030/23 53 24 28
www.pfefferhaus.de · Haltestelle: Tram Niederbarnimstraße

Die kleinste Disko der Welt

Kaum einer verbindet unsere Stadt nicht mit exzentrischem Nachtleben. Berlin IST Party! Ganz legendär und unabhängig lässt es sich in der Teledisko feiern, der wohl kleinsten Disko der Welt. In einer ausgedienten Telefonzelle wird per Münzeinwurf (2 Euro) der Lieblingssong gespielt, für 2 Euro extra können Fotos ausgedruckt oder ein Video gedreht werden. Stroboskop, Nebel und Diskokugel inklusive! Insgesamt gibt es sechs Teledisko: Die Pink Edition steht auf dem Kater-Blau-Gelände in der Holzmarktstraße und geht an, wenn dort gefeiert wird. Die Gold Edition befindet sich auf dem RAW-Gelände, und die Silber Edition hat in Mexico City ihr Zuhause gefunden. Drei weitere können gemietet werden.

Teledisko Gold Edition · rund um die Uhr geöffnet · RAW-Gelände · direkt bei Emma Pea
Revaler Str. 99 · 10245 Berlin · Haltestelle: S/U Warschauer Straße

Crazy Hot Dogs

Den »heißen Hund« mal anders gibt's bei Hot Doggern. In diesem coolen Friedrichshainer Imbiss mit Tischen drinnen und draußen wählt man kreative Varianten des Klassikers, wie etwa den Caesar's Dog mit Parmesan und Croutons oder den Chilli Dog mit scharfer Beef-Tomatensoße, Jalapenos und selbstgemachter Käsesoße on top. Frisch gemacht ist hier übrigens so gut wie alles: die Brötchen, das Ketchup und die Pommes, sodass man sich bei diesem Fast Food noch etwas weniger Gedanken um den Nährwert machen muss. Zudem wird Nachhaltigkeit groß geschrieben. Serviert wird auf Biobambus-Tellern und das Fleisch stammt aus Freilandhaltung. Übrigens: Hot Dogs entwickeln sich gerade zum Food-Trend-Thema in der Stadt!

Hot Doggern · Di–Do 12–22, Fr, Sa 12–24 Uhr · Sonntagstr. 30 · 10245 Berlin
www.hot-doggern-berlin.de · Haltestelle: Tram/Bus Neue Bahnhofstraße

Die Gold Edition der Teledisko empfängt Sie rund um die Uhr auf dem RAW-Gelände!

Die Wahl auf eine Lieblingssorte fällt nicht leicht.
Cheesecake mit Blaubeeren zum Schlecken. Einfach lecker!

Kalifornien zum Schlecken

Das bringt Sonne nach Berlin und in unsere Herzen: Zauberhaft bunt verführt die Eisdiele California Pops mit ihrem handgemachten Eis am Stiel. Die »Popsicles«, also buntes Eis am Stiel, liegen voll im Trend, und sind einfach nur lecker.

Am Schlesi geht's rundum ja fassadentechnisch doch eher trist zu. Da ist die Eisdiele von California Pops ein echter Lichtblick, mit seiner Holzfassade, der rot-weiß gestreiften Markise und Street-Art-Gemälden mit Palmen und ganz in cooler Surfer-Manier. Der Shop wurde im Frühjahr 2015 von Jörg Ellmer und Tom Schult gegründet. Firmengründer Ellmer erzählt: »Auf Reisen haben wir gesehen, dass Eis am Stiel auch anders aussehen und schmecken kann als die hier üblichen Brands. Es war viel fruchtiger, intensiver, nicht so künstlich und es war nicht alles mit Schokolade umhüllt, sodass die Farbvielfalt viel präsenter und auffälliger war.« Gerade in Südamerika haben die »Paletas« mit ihrer Farbvielfalt überzeugt. Schon war die Idee geboren. Das braucht Berlin noch!

Seitdem macht es den beiden großen Spaß, ihr Eis ständig weiterzuentwickeln und immer wieder neue Sorten zu kreieren, zum Beispiel Cheesecake mit Blaubeeren, weiße Schokolade mit Matcha-Tee oder Gurke-Zitronen-Sorbet. Und auch die Form macht so einiges her. Alles entsteht in Handarbeit und mit jeder Menge Liebe zum Detail. Weil die Popsicles so gut ankommen, gibt es mittlerweile eine zweite Filiale, in der Eberswalder Straße 32 in Prenzlauer Berg. Eine echt gute Anlaufstelle für all die Mauerpark-Touris! So ein Eis kostet übrigens 2,50 oder 3 Euro, dazu gibt's noch eine Auswahl an Toppings für je 50 Cent. Man kann es auch in größeren Mengen für das nächste Event oder die anstehende größere Familienfeier bestellen. Einziger Wermutstropfen: Stilecht gehen die Gründer im Winter in den großen Surfurlaub und schließen ihre beiden Filialen, sodass man nur im Sommer in den Genuss der Pops kommt.

> Den Laden mit seiner einfach herausragenden Fassade zu entdecken macht schon irre viel Spaß und fühlt sich sofort nach Urlaub an!

California Pops · März, Okt. 13–19, April–Sept. 12–22 Uhr
Falckensteinstr. 4 · 10997 Berlin · www.california-pops.de · Haltestelle: U Schlesisches Tor

30 Erinnerungen in der Alten Bäckerei Pankow

Das schöne Gebäude im Ortskern von Pankow möchte vor allem eins: Erinnerungen bewahren. So wurde die Alte Bäckerei Pankow 2001 liebevoll saniert und beherbergt seitdem ein Museum, eine historische Backstube sowie eine besondere Ferienwohnung.

In Pankow befindet sich das wahrscheinlich einzige Kindheitsmuseum, in dem mit sämtlichen Ausstellungsstücken auch wirklich gespielt werden darf – also tatsächlich ein Ort, an dem sich Kinder wohl fühlen können.

Ruthild Deus, die das historische Gebäude übernommen hat und denkmalgerecht sanieren ließ, hat mit viel Herzblut eine einmalige Sammlung aus verschiedenen Jahrzehnten zusammengetragen. Und sie führt kleine Gruppen persönlich durch die verschiedenen Stuben. Von 1875 bis 1964 war in dem Gebäude die Bäckerei von Bäckermeister Carl Hartmann untergebracht. Im Erdgeschoss ist noch deren alte Wohnungseinrichtung ausgestellt, welche die Lebensverhältnisse einer Handwerkerfamilie im Dorf Pankow um 1900 greifbar macht.

> **Danach ein Abstecher in den Bürgerpark Pankow** mit seinem imposanten Eingangstor, der kleinen Parkbücherei und dem Tiergehege mit den Bergziegen.

Unter dem Dach des Hauses hat Deus eine Ferienwohnung für bis zu vier Personen eingerichtet. Hier kann man den Charme vergangener Zeiten auf sich wirken lassen und wie zu Omas Zeiten wohnen. Das ist ein Erlebnis für die ganze Familie. Geschlafen wird in alten Bauernbetten und gebadet in einer Holztrogwanne – allerdings mit fließendem warmen Wasser.

Tipp: Am besten legt man seinen Besuch in diesem alten denkmalgeschützten Juwel auf dienstags, mittwochs oder freitags.

Dann wird nämlich zwischen 15 und 18 Uhr im großen historischen Brustfeuerungsofen echtes »Pankower« gebacken – ein Märkisches Landbrot nach Demeter-Vorschrift, das mit seiner leckeren Kruste und dem würzigen Aroma nach Tradition schmeckt. Dran denken, eins oder gleich zwei davon mitzunehmen. Die Freunde werden sich darüber freuen.

Alte Bäckerei – Museum für Kindheit in Pankow · Museum Di 11–17 Uhr
Backstube Di, Mi, Fr 15–18 Uhr · Eintritt: 2 Euro · Wollankstr. 130 · 13187 Berlin · Tel. 030/486 46 69
www.alte-baeckerei-pankow.de · Haltestelle: Tram Rathaus Pankow

Lust auf echtes »Pankower«? Das Landbrot kommt hier frisch aus dem Holzofen.
Das schmucke kleine Häuschen ist Museum, Backstube und Feriendomizil in einem.

Das alte Kinderkrankenhaus Weißensee: Sehr interessant, aber auch gefährlich!

Die Ruine des Kinder-krankenhauses in Weißensee

Ein geheimnisvoller Ort voll von Geschichten nimmt den Besucher mit auf eine Reise in die Vergangenheit. Die Decke halb eingestürzt, der Putz bröckelt, Türen liegen auf dem Boden, es ist unheimlich. Viele Ruinen stehen noch in Berlin, mystische Orte, die meist über und über mit Graffitis übersät und nicht selten noch frei zugänglich sind. Eine davon ist das Kinderkrankenhaus in Weißensee. Es wurde 1911 als erstes kommunales Säuglings- und Kinderkrankenhaus Preußens eröffnet und hatte einen eigenen Kuhstall, um für die Kinder frische Milch zu produzieren. Geschlossen wurde es 1997, seitdem ist nicht nur das große Gebäude mit seinen Anbauten, sondern auch der ehemalige Park des Geländes verwildert.

Kinderkrankenhaus in Weißensee · Hansastraße / Ecke Buschallee · 13051 Berlin
Haltestelle: Tram Buschallee/Hansastraße

Lustige Tischtennis-Bar in Prenzlauer Berg

Eine Partie Tischtennis stärkt das Gemeinschaftsgefühl – diesem Grundsatz folgt »Dr. Pong«. Deshalb steht in dieser spartanisch eingerichteten, circa 30 Quadratmeter großen Kneipe eine Tischtennisplatte im Mittelpunkt, um die am liebsten Rundlauf bis in die frühen Morgen gespielt wird. Die Idee zur Kombi von Sport und Party hatte der Amerikaner Oliver Miller. Perfekt ist seine Anlaufstelle natürlich für Ping-Pong-Fans, um auch bei schlechtem Wetter ihrem Hobby zu frönen. Prima ist sie aber auch für Neu-Berliner, um Leute kennenzulernen. Wer nicht so gerne um die Platte rennt, kann auch am Rand auf den Stühlen Platz nehmen, sich ein Bier oder einen Cocktail genehmigen, entspannt zugucken, hören, was der DJ so auflegt und sich von der spielerisch-fröhlichen Stimmung anstecken lassen.

Dr. Pong · Mo–Sa ab 20, Mai–Sept. So ab 19, Okt.–April So ab 18 Uhr
Eintritt frei · Eberswalder Str. 21 · 10437 Berlin · www.drpong.net · Haltestelle: U Eberswalder Straße

Türkische Küche – modern interpretiert

Döner essen in Berlin – ein Klassiker. Türkisch essen gehen in Berlin schon weniger. Was ist eigentlich typisch türkische Küche? Und gibt es da auch innovative Konzepte? Die Antwort lautet Ja – und zwar im Restaurant Osmans Töchter in Prenzlauer Berg. Hier kochen Mamas mit Herzblut und Raffinesse.

In ganz Berlin existierte kein Restaurant, das die traditionelle türkische Küche modern interpretiert – diese Lücke wollten die beiden Wahl-Prenzl'bergerinnen Arzu Bulut und Lala Yanik unbedingt schließen und eröffneten im Juni 2012 ihr Restaurant Osmans Töchter auf der im Kiez bekannten Pappelallee.

Das Lokal ist aus mehreren Gründen ein kleines Juwel in der Gastro-Landschaft der Hauptstadt. Zum einen sorgt die Einrichtung in mediterranen Farben mit künstlerisch verfremdeten Teppichen an der Wand und vielen Leuchten, die in Gläsern von der Decke baumeln, dafür, dass man sich an seinen letzten Urlaub am Mittelmeer erinnert fühlt. Aber auch die Tatsache, dass in der Küche nicht nur ein professioneller Koch steht, sondern typisch türkische Mamas den Ton angeben, ist etwas Besonderes. Die Besitzerinnen sind davon überzeugt: Köfte oder Bulgur macht Mutti nun mal am besten, weil sie ihre ganze Liebe in den Kochtopf steckt. Auf der Karte stehen diese Klassiker meist in interessanter Neuinterpretation. Zum Beispiel *Katayif*, eigentlich eine klassische türkische Nachspeise, die hier aber mit Garnelen gefüllt und an Portulak-Salat gereicht wird, oder *Manti*, hausgemachte türkische Tortellinis, die mit Hackfleisch gefüllt werden. Die isst man bei Osmans Töchtern zu kalter Knoblauch-Joghurtsoße und warmer Paprikabutter. Wichtige türkische Feiertage werden mit speziellen Kreationen gewürdigt und gefeiert. Unbedingt probieren: die Meseplatte – eine Komposition feiner Vorspeisen (die für eine Person reicht locker für zwei)!

> Im Sommer im kleinen Garten sitzen, ein Portion Köfte vor sich und der sprühende Spirit Istanbuls ist ganz nah.

Osmans Töchter · Mo–Sa 17.30–24, So 17–24 Uhr · Pappelallee 15 · 10437 Berlin
Tel. 030/32 66 33 88 · Mobil: 0172/274 46 62 · www.osmanstoechter.de
Haltestelle: U Eberswalder Straße

Wie der Mittelmeerurlaub: farbenfroh und wuselig – meist ist es ziemlich voll.
Im hinteren Bereich des Restaurants geht's etwas ruhiger zu …

Der Klassiker bei Suicide Sue: die Berliner Stulle, fantasievoll belegt
Mittlerweile in vielen Cafés ganz normal: Bestellt wird vorne am Tresen.

Stulle essen
bei Suicide Sue

Nun herrscht in Prenzlauer Berg nicht gerade ein Mangel an Cafés. Umso besser, wenn einem jemand sagt, welches sich auf jeden Fall lohnt: Das Suicide Sue punktet nicht nur mit seinem rustikalen Ambiente, sondern mit gutem Kaffee und hausgemachten Stullen.

Die gute, alte Berliner Stulle – ja, es gibt sie noch. Besonders zelebriert wird sie im Café Suicide Sue im Helmholtzkiez. Da gibt es zum Beispiel die Omastulle, ein Schmalzbrot, die Opastulle, belegt mit Kalbsleberwurst und Cornichons, oder die Posh-Stulle, mit Limetten-Meerrettich-Aufstrich, Lachs und Rucola. Das Brot dafür kommt vom Kreuzberger Bäcker Soluna, die Aufstriche – auch Exoten wie Brie-Dattel oder Avocado-Chili – sind hausgemacht. Auch Pancakes, Suppen, Rühreier oder Bircher-Müsli stehen auf der Karte, Frühstück gibt es den ganzen Tag über. Das Ambiente verdient definitiv Extrapunkte. Denn der moderne Landhausstil mit schweren Holztischen, ausrangierten Obstkisten an den Wänden, Kreidetafeln über dem Tresen, Stuck an der Decke, einem Holzofen, frischen Blümchen auf jedem Tisch und insgesamt sehr warmen Farbtönen sorgt für Ruhe und Behaglichkeit.

> Danach einfach rund um den Helmholtzplatz eine Runde bummeln und in die Schaufenster der zahlreichen kleinen Geschäfte schauen.

Zum Konzept des ausgefallenen Cafés gehört eine lustige Geschichte: So wurde das Café 2009 von einer japanischen Schwertkampfmeisterin gegründet. »Die in den Reihen der Yakuza als Suicide Sue gefürchtete Problemlöserin hat nach einer beruflichen Neuorientierung Schwert gegen Schürze getauscht und schneidet nun Brote statt Köpfe.« Im Sommer kann man sich draußen in die Kissen fläzen und an hübschen Holztischen essen. Kleines Manko: Bestellt werden muss am Tresen, das Essen und die Getränke werden aber gebracht – und Kartenzahlungen ist nicht möglich!

Fazit: Dieser Laden ist ein echtes Glück für alle Berliner, die ein gutes Hausmannsfrühstück zu schätzen wissen.

Suicide Sue · Mo–Fr 8–18, Sa 9–19, So 10–19 Uhr · Dunckerstr. 2 · 10437 Berlin
Tel. 030/64 83 47 45 · www.suicidesue.com · Haltestelle: Tram Husemannstraße

Onkel Philipp's Spielzeugwerkstatt

Große wie kleine Kinder lieben Onkel Philipps randvolle Spielzeug-werkstatt, die auch in Berlin als Recyclingbetrieb bekannt ist. Für neugierige Entdecker gibt es im Keller das abenteuerliche Grab der DDR-Spielzeuge.

Wetten, dass Sie einen so randvollen Laden noch nicht gesehen haben! Denn bei »Onkel Philipp« sind drei Räume nahezu vollgestopft mit Spielwa-ren aller Art: Toaster aus Holz für die Puppenküche, Snowboards, Lauflern-räder, Musikequipment, Teddybären, Lego-Piratenschiffe und alles, was sich sonst noch in heimischen Spielzimmern auftreiben lässt.

Dabei setzt sich das Sortiment aus neuen und gebrauchten Spielsachen zusammen, auf insgesamt rund 110 Quadratmetern Fläche. »Wobei man eigentlich eher in Kubikmetern rechnen müsste«, lächelt der Besitzer Onkel Philipp. Schließlich steckt wirklich bis unter die Decke und in jeder kleinsten Ritze etwas zum Spielen. Jeder kann seine ausgediente Ware vorbeibringen und sie ge-winnbringend eintauschen. Besucher sollten Zeit mitbringen. Besondere Aufmerksamkeit verdient auch das Museum im Keller, das außer an dem Schild »R.I.P.« nicht weiter erkennbar ist. Durch eine Schiebetür in einem hüfthohen Regal geht es eine abenteuerliche Wendeltreppe (Vorsicht: Kopf!) nach unten und dann erwartet den Besucher ein kleiner, niedriger Raum gefüllt mit Spielzeug aus Ostzeiten: ein Kaufladen mit entsprechenden Lebensmitteln, ein Lenkschlitten, ein Spiel-zeugauto der Volkspolizei, Sandmännchen-Figuren, PIKO-Spielwaren. Über allem hängt dekorativ die DDR-Flagge an der Decke. Seit der Eröffnung seines Ladens im März 1997 sammelt Onkel Philipp Spielwaren aus Ostzeiten. Aus einem kleinen Museumsshop kann sich jeder ein Andenken mitnehmen. Wer es einmal eilig hat und mit Kindern unterwegs ist, sollte die Straße meiden! Bei den Spielsachen auf der Straße verweilt jedes Kind gerne.

> **Ein Bummel auf der fast pittoresken Choriner Straße fühlt sich wunderbar heimelig an, und das mitten in der Großstadt.**

Onkel Philipp's Spielzeugwerkstatt · Di, Mi, Fr 9.30–18.30, Do 11–20, Sa 11–16 Uhr
Choriner Str. 35 · 10435 Berlin · Tel. 030/449 04 91
www.onkel-philipp.de · Haltestelle: U Senefelder Platz

Vor der Tür von Onkel Philipp parkt doch tatsächlich das Sandmännchen. Zufall?

Überreste aus der vorherigen Nutzung sind im Leise-Park noch vorhanden.
Trotzdem hängen wir hier im Grünen sehr gern ab, am liebsten auf der Hängematte.

Verwunschene Oase
auf dem Friedhof

Pssst! Ein wahres Kleinod zum Entspannen, Entdecken und Träumen mitten in Prenzlauer Berg ist der Leise-Park in der Heinrich-Roller-Straße. Er ist auf einer Teilfläche des früheren Friedhofs der Gemeinden St. Nikolai und St. Marien entstanden und erst seit Juni 2012 für die Öffentlichkeit zugänglich – ein echter Geheimtipp!

Eine Grünanlage wie den Leise-Park mitten in der Stadt zu entdecken, ist eine wahre Freude. Nicht nur, weil schöne grüne Oasen in Prenzlauer Berg ja sowieso rar gesät sind. Sondern vor allem, weil dieser mit seiner Geschichte und Individualität punkten kann. Von Mauern umgeben findet sich gleich neben der ziemlich lauten Prenzlauer Allee ein kleiner Fleck Wildnis. Der Leise-Park ist so verwildert, dass einem der Ort fast verwunschen vorkommt. Worüber man sich zunächst wundert: Hier und da lugen efeuüberrankte Grabsteine aus dem Grün hervor. Schöne Grabanlagen sind in die Natur eingebettet. Schließlich war an dieser Stelle früher ein Friedhof. Von den zwei ehemaligen Teilflächen des St. Nikolai- und St. Marienfriedhofs mit einer Gesamtfläche von rund 15 900 Quadratmetern hat man eine 6 600 Quadratmeter große Fläche mit dem Ziel abgegrenzt, diese als Grünanlage für die Bewohner des Winskiezes nutzbar zu machen. Die andere angrenzende Fläche wird weiterhin und mittlerweile schon über 100 Jahre lang als Friedhof genutzt. Das Konzept für den Leise-Park haben Anwohner, Kinder der benachbarten Heinrich-Roller-Grundschule und das Landschaftsplanungsbüro gruppe F gemeinsam entworfen: Möglichst viel von dem ursprünglichen Charakter des Geländes sollte beibehalten werden und die ehemalige Nutzung als Friedhof ablesbar bleiben – und das ist rundherum gelungen! Viele Bänke laden dazu ein, sich mit einem guten Buch einen schönen Nachmittag »im kleinen Urwald in der Stadt« zu machen. Und für Kids gibt es jede Menge zu entdecken: Hängematten, Kletter- und Balancierparcours, »Asthütten« zum Bauen von Höhlen sowie einen Holzaussichtsturm – und natürlich jede Menge Platz zum Verstecken.

Leise-Park · März–Okt. tgl. 8–20, Nov.–Feb. tgl. 8–17 Uhr
außerhalb der Zeiten bleibt das Tor verschlossen · Eintritt frei · Heinrich-Roller-Str. 23
10405 Berlin · Haltestelle: Tram Prenzlauer Allee/Metzer Straße

Zur Ruhe kommen im Stadtkloster Segen

Zur Ruhe kommen mitten in der Stadt, das ist im Stadtkloster Segen, einem 1700 Quadratmeter großen Areal in Prenzlauer Berg, möglich. Das denkmalgeschützte Kirchengebäude an der Schönhauser Allee 161 bietet das »Kloster auf Zeit« an.

An der verkehrsberauschten Schönhauser Allee zwischen Senefelder-platz und Kulturbrauerei steht ein imposanter Backsteinbau samt Kirchturm. Wer ihn besucht, tritt in eine andere Welt ein, in der Stille gefunden werden kann. Oder der Sinn des Lebens. Oder auch einfach eine Tasse Tee und ein nettes Gespräch.

Das Stadtkloster Segen ist eine Mischung aus Kirche, Gästehaus mit sieben Zimmern, idyllischem Garten und Wohnraum der Communität Don Camillo, der evangelischen Stadtkloster-Gemeinschaft. Dabei ist das Kloster keines im eigentlichen Sinne. »Ah, ein Kloster, dann gibt es hier Nonnen und Mönche. – Nein, wir sind Familien. – Aber ein Kloster ist doch auf dem Land? Was machen die in der Stadt?«, gibt Georg Schubert, Leiter der Gemeinde, einige der vielen Fragen wider, die ihm oft gestellt werden.

Was Gäste hier finden: Formen des Gebets und des Gottesdiensts, die nicht ganz so alltäglich sind. Das heißt zum Beispiel, dass der Gottesdienst aktiv mitgestaltet werden kann, dass sonntags um 20.30 Uhr Abendbesin-nungen stattfinden oder Filmabende organisiert werden.

Zu den interessantesten Angeboten zählt das »Kloster auf Zeit«. Men-schen können sich für einen längeren, selbst gewählten Zeitraum vom Alltag zurückziehen und in eine andere Lebensform eintauchen. Sie nehmen dann am Leben der Gemeinde teil, sprechen Morgen- und Mittagsgebet miteinan-der in der Kirche, machen Frühstück im Gästehaus, genießen die Stille im wunderschönen Klostergarten, in dem übrigens auch chinesische Seidenhüh-ner leben, oder packen bei handwerklichen Tätigkeiten mit an, wenn gerade Bedarf herrscht. Das Haus steht jedem offen – egal, ob Christ, Gläubiger oder Ungläubiger.

Stadtkloster Segen · Schönhauser Allee 161 · 10435 Berlin · Tel. 030/44 03 77 39
Kloster auf Zeit nach individueller Absprache · www.stadtklostersegen.de
Haltestelle: U Sennefelder Platz

Hereinspaziert! Das Stadtkloster Segen ist eine Kirche für alle mitten in Prenzlauer Berg. Von außen macht der große Backsteinbau mit Kirchturm schon ordentlich was her.

Blumen und wohlige Klänge: Ankommen im Ruhepool heißt Entspannungsmodus.
Am besten lässt man sich erstmal tief in die super-gemütliche Couch einsinken …

Entspannen im Ruhepool

Eine der besten Massagen der Stadt genießen Gäste des kleinen Spas Ruhepool in Prenzlauer Berg. Dieser fernöstlich inspirierte Ort nennt sich selbst »neuzeitliches Body-, Mind- und Soul-Spa« und bietet neben Therapie- und Wellnessbehandlungen auch Energie- und Meditationsseminare an.

Großstadtlärm, Hektik oder Stress haben keinen Zutritt in die Winsstraße 69. Leise Entspannungsmusik, warme Farben, eine japanisch angehauchte Einrichtung, eine chillige Couch zum Einsinken, ein sehr herzlicher Service und ein auf die folgende Behandlung einstimmendes Empfangsritual schaffen schnell genau die richtige Atmosphäre zum Abschalten.

Für eine Massage wird aus dem Ruhepool-Team der Therapeut ausgesucht, der auf das individuelle Problem spezialisiert ist – die wärmenden Infrarotplatten tun ihr Übriges zur Rundumentspannung. Kostenpunkt: 79 Euro für 60 Minuten.

Ziemlich neu im Angebot sind Reinigungsrituale, die sich auch aufs Immaterielle konzentrieren. Die Massagen der Therapeuten lösen eben nicht nur körperliche, sondern gegebenenfalls auch seelische oder geistige Blockaden. »Mich fragen manchmal Kunden: Wie komme ich selbst auf diese Frequenz, die ich nach so einer Behandlung spüre?«, erklärt Inhaberin Karin Töpfer. »Ich gebe daher nun auch individuelle Meditationspraxis, das heißt, ich lehre Ritualtechniken für zu Hause.«

Das Highlight des Spas besonders für kalte Winterstunden bleibt aber das Freundinnenspecial. Das darf wahlweise natürlich auch mit Mama oder dem Liebsten gemacht werden. Für 99 Euro pro Person gibt's 90 Minuten pure Verwöhnzeit nach Lust und Laune – Massage oder doch lieber ein Rundum-Gesichtstreatment mit Bioprodukten? Ingwerwasser und Kuschelsocken gibt es inklusive. Für solch Wellnesswonnen lieben wir glatt die eisige Jahreszeit. Wir kommen aber auch immer wieder gern für eine echt nachhaltig gute Massage.

Ruhepool Berlin · Termine nach Vereinbarung · Winsstr. 69 · 10405 Berlin
Tel. 030/39 97 40 69 · www.ruhepool-berlin.squarespace.com · Haltestelle: Tram Knaackstraße

Scones essen im Gewächshaus in Pankow

Den Bürgerpark in Pankow kennen und mögen viele Berliner, weiter im Norden des Bezirks verbirgt sich allerdings noch ein grünes Kleinod, dessen Entdeckung ebenfalls lohnt: der Botanische Volkspark Blankenfelde-Pankow. Dort serviert das Café mint* mitten in einem Gewächshaus Kuchen nach englisch-irischer Tradition.

Ohne Auto in den Botanischen Volkspark Blankenfelde-Pankow zu gelangen, erfordert Zeit: Schließlich ist Blankenfelde das letzte Dorf im Stadtgebiet – und wegen der früher hier liegenden Rieselfelder der am dünnsten besiedelte Ortsteil Berlins. Aber ein Bus hält immerhin direkt vor der Pforte des Botanischen Volksparks. Der Eintritt zum Park beträgt 1 Euro; das Ticket ziehen sich Besucher am Automaten direkt am Eingang.

Neben den schönen weiten Flächen und den zutraulichen Damhirschen hinterlässt besonders das Café mint* einen bleibenden Eindruck. Dieses befindet sich seit September 2011 im denkmalgeschützten, neu restaurierten Gewächshaus und punktet mit seinem ganz besonderen Ambiente. Schließlich sitzt man in diesem Café inmitten von verschiedenen Grünpflanzen. Es herrscht Selbstbedienung, aber für die authentischen Scones mit Clotted Cream und Erdbeermarmelade steht man doch gern mal auf und bestellt direkt an der Theke. Auch andere hausgemachte Köstlichkeiten wie etwa der Zitronen-Holunder-Käsekuchen ziehen viele Besucher an. Klar, dass man im Café mint* eine typisch britische Tea-Time zelebrieren kann. Dazu wird richtig guter Kaffee von den Berliner Herstellern Andraschko und Coffee Circle wird serviert. Bei schönem Wetter stehen auch Stühle draußen vor dem Gewächshaus.

Warum sich der irisch-englisch-stämmige Inhaber Tom Rolleston für den Namen »mint*« entschieden hat? Im Grunde gibt es dafür viele Gründe, aber einer gefällt uns am besten: Minze wird allgemein mit »frisch« assoziiert. In diesem Sinne bringt das »Café mint*« frischen Wind in diese Ecke von Pankow. Achtung: Hier kann nicht reserviert werden.

Café mint* im Botanischen Volkspark Blankenfelde-Pankow · Fr–So 11–17 Uhr
Blankenfelder Chaussee 5 · 13159 Berlin · Tel. 0176/57 22 56 21 · www.cafe-mint.de
Haltestelle: Bus 107 Botanische Anlage

Im Gewächshaus mal was anderes gemacht als gegärtnert? Das geht im Café mint*.
Unbedingt probieren: die Scones, klassisch serviert zu Clotted Cream und Marmelade.

Schwimmen mit Wow-Effekt: Im alten Stadtbad kann man wieder seine Bahnen ziehen.
Das Restaurant Oderberger serviert regionale Küche mit dem gewissen Etwas.

Das neue alte Stadtbad Oderberger

Im früheren Heizkraftwerk des alten Stadtbad Oderberger fein zu dinieren, ist ein Erlebnis der besonderen Art. Aus der ehemals prächtigen Badeanstalt wurden Hotel, Kamin-Bar, Event-Location, Schwimmbad und ein tolles Restaurant gezaubert.

Samtbezogene Stühle und Bänke, goldfarbene Teller, zwei Etagen mit einer Raumhöhe von insgesamt 15 Metern, nostalgische Details aus früheren Zeiten: Das eindrucksvolle Restaurant Oderberger befindet sich im Gesamtkomplex des alten Stadtbads und dort im alten Heizkraftwerk. So viel wie möglich von den glanzvollen Zeiten sollte erhalten bleiben. Deshalb hat man alte Fensterwürfel im Tresen eingebaut, spezielles Gestänge dient als Garderobe und aus der Wand ragen Drehregler. Erbaut wurde das Stadtbad Oderberger 1898 vom Architekten Ludwig Hoffmann, 1902 wurde es als »Volksbadeanstalt« eröffnet. Geschwommen wurde hier bis 1986, seitdem war das Bad geschlossen. 2016 feierte es seine fulminante Wiederbelebung als Hotel mit 70 Zimmern und schicker Kamin-Bar. Das zugehörige Restaurant eröffnete im Oktober 2017.

Im Mittelpunkt steht feine, regionale Küche. Sicher immer einen Blick wert ist die Karte »Dit is Berlin«, auf der sich Klassiker wie Himmel und Erde«, geschmortes Eisbein oder Zander mit Speck kreativ interpretiert wiederfinden. Zusätzlich gibt es immer noch eine saisonale Karte. Chefkoch Matthias Schmidt und sein Team möchten so viel wie möglich aus der Region beziehen, machen ihre Limonaden ganz ohne Zucker selber und beziehen ihre Zutaten für Fleisch, Gemüse und Co. aus der Umgebung. So gibt's etwa Wild aus der Schorfheide, das klassische Linumer Wiesenkalb oder Fisch aus Rottstock. Selbst der Honig stammt aus Berlin. Und was ist mit dem alten Schwimmbad passiert? Da darf tatsächlich wieder geschwommen werden, und zwar nicht nur von den Hotelgästen! Allerdings nur, wenn nicht gerade der Poolboden nach oben gefahren wurde, um darauf eine Veranstaltung in ganz besonders imposantem Ambiente zu feiern.

Restaurant Oderberger · Di–Sa 18–24, Frühstück tgl. 7–10.30, Sa, So bis 11 Uhr
Oderberger Str. 57 · Eingang über das Hotel oder den Hof · 10435 Berlin
www.restaurant-oderberger.berlin · Haltestelle: U Eberswalder Straße

Romantisches Käsefondue in einer Gondel

Hüttenzauber mitten in Charlottenburg und noch dazu hochromantisch: In den Wintermonaten stehen im Hotel Swissôtel in unmittelbarer Ku'damm-Nähe drei original Schweizer Gondeln auf der Terrasse. Dort kann man kuschelig und bei herrlicher Aussicht eine große Auswahl an Käsefondues aus dem Alpenland genießen.

Wer auf dem Kurfürstendamm schon mal gen Osten spaziert ist und an der Kreuzung Joachimsthaler Straße einen Blick Richtung Swissôtel geworfen hat, der hat sie möglicherweise schon einmal gesehen: die Schweizer Gondel, die da in luftiger Höhe auf der Hotelterrasse steht. Die Idee des zum Hotel gehörigen Restaurants 44, seine Gäste in einer Original-Gondel zu bewirten, ist wirklich originell und eine echte Alternative zu normalem Restaurant-Ambiente. Alpine Gefühle kommen in Berlin sonst schließlich eher spärlich auf. Und dann noch mit Blick auf den trubeligen, je nach Monat sogar weihnachtlich beleuchteten Kurfürstendamm – das ist schon einzigartig. Bei Kerzenschein und Musik serviert Küchenchef Richard Schneider eine große Auswahl an Käsefondues. Er erklärt: »Die Nachfrage nach Plätzen in der Gondel war in den letzten Jahren so groß, dass wir dieses Jahr zwei weitere Gondeln aufstellen.«

Um schon mal einen kleinen Vorgeschmack auf die Karte zu geben: Ob Variante Appenzeller, Bündner oder Moitiè-Moitiè, alle Fondues werden im traditionellen Caquelon zubereitet und serviert. Edel wird es bei den Fondues Trüffel mit Prosecco, Cognac und Trüffelöl oder Chinoise mit Rind und Kalbfleisch. Dabei schlägt der Besuch in der Gondel auch gar nicht so extrem zu Buche. Kostenpunkt: Die einfacheren Fondue-Varianten gibt's für 28 Euro pro Person, die Luxusvarianten kosten bis 35 Euro. Wer im Winter also Lust auf ein besonderes Dinner hat, ist an dieser Adresse genau richtig. Platz finden bis zu vier Personen. Und kalt wird's durch kuschelige Schafsfelle und Kissen übrigens auch nicht so schnell …

Restaurant 44 im Hotel Swissôtel Berlin · Gondel von Nov.–März
Mo–Sa 18–22.30 Uhr · Augsburger Str. 44 · 10789 Berlin
Tel. 030/220 10 22 88 · www.swissotel.de/hotels/berlin · Haltestelle: U Kurfürstendamm

Ski ahoi im Swissôtel: Rein in die Schweizer Gondel und Käsefondue genießen.

Die Monkey Bar ist Szene-Hotspot. Kein Wunder! Die Aussicht ist unbezahlbar.

Bar mit Blick
ins Affengehege

Seit 2014 einer der Szene-Hotspots der Stadt: das 25hours Hotel Bikini Berlin samt Restaurant NENI Berlin und der Monkey Bar. Letztere befinden sich im zehnten Stock des Hotels und bieten ein Wahnsinnspanorama über die City West – sogar direkt ins Affengehege des Zoos hinein.

Persisch, arabisch, türkisch, spanisch, deutsch und österreichisch – bei den kulinarischen Einflüssen wollte sich das Küchen-Kreativ-Team rund um Szene-Wirtin Haya Molcho nicht festlegen. Vielmehr kommen im NENI jede Menge kulinarische Reiseeindrücke als »eklektische ostmediterrane Küche auf den Tisch«. Was darunter zu verstehen ist? Es gibt viel Vegetarisches: Lecker sind zum Beispiel karamellisierte Aubergine, dreierlei Humus oder Sabich (ein Tel Aviver Mischmasch aus gebackenen Auberginen, Humus und pochiertem Ei). Aber auch Fisch und Fleisch stehen auf der Karte. Zu empfehlen: der Jerusalem-Teller mit gegrilltem Hühnchen (18 Euro).

Platz nimmt man auf Design-Stühlen von Werner Aisslinger. Diese stehen um ein bepflanztes Gewächshaus, das aus alten Treibhäusern zusammengebaut wurde. Ein Urban Jungle zum Wohlfühlen und Sattessen!

Highlight der Location ist aber sicherlich der Blick auf die gesamte City West sowie den Zoo und den Tiergarten. Und die Aussicht kann auch noch von Sonnenauf- bis Sonnenuntergang genossen werden! Denn neben dem Restaurant ist in der zehnten Etage des Hotels die Monkey Bar beheimatet – beide mit sechs Meter hohen, bodentiefen Fenstern.

In der Bar gibt's sogar eine Art kleine Tribüne, wo auf orientalischen Kissen Platz genommen werden kann und einem nichts die Sicht auf die possierlichen Tierchen im Zoo versperrt, schließlich ist hier auch tagsüber geöffnet. Dazu einen hausgemachten Green Apple Gin und das Gefühl, etwas ganz Besonderes zu erleben, lässt einen so schnell nicht wieder los. Im Sommer gehört die Dachterrasse, die das Gebäude an drei Seiten umläuft, auf jeden Fall zu den beliebtesten Orten der Stadt.

Monkey Bar und NENI Restaurant im 25hours Hotel Bikini Berlin · Bar tgl. 12–2 Uhr
Restaurant Mo–Fr 12–23 Uhr, Sa, So 12.30–23 Uhr · Budapester Str. 40 ·10787 Berlin
Restaurant Tel. 030/120 22 12 00 · www.25hours-hotels.com · Haltestelle: S/U Zoologischer Garten

Beeindruckende Aussicht von der Cafeteria der TU

Einmal mit dem Aufzug hoch in den 20. Stock und schon hat man einen zauberhaften Blick über Berlin – ganz ohne Eintritt bezahlen oder sich in einer Touristen-Warteschlange anstellen zu müssen. Die Cafeteria Skyline der TU bietet ein herrliches Panaroma.

Direkt am großen Fenster Platz nehmen, Kaffee trinken und einfach nur den großartigen Rundblick über die Dächer von Berlin genießen: Brandenburger Tor, Fernsehturm, Tempelhof oder das Schloss Charlottenburg sind in Sicht. Die öffentlich zugängliche Cafeteria der Technischen Universität mit dem passenden Namen »Skyline« zählt zu den schönsten Einrichtungen des Studentenwerks – und ist nicht nur bei Studenten beliebt.

Sie befindet sich im Telefunken-Hochhaus am verkehrsreichen Ernst-Reuter-Platz, einem 80 Meter hohen Bürogebäude mit insgesamt 22 Stockwerken. Das Hochhaus entstand zwischen 1958 und 1960 als Firmenzentrale der AEG-Tochterfirma Telefunken und steht unter Denkmalschutz. Neben der TU als Mieter haben hier heute auch die Konzerne Telekom oder Daimler ihre Räumlichkeiten.

> Gleich noch den neuen Lunch-Hotspot Dave B für sich entdecken. Direkt gegenüber der TU, in der Otto-Suhr-Allee 6–16, sind hier fünf Foodie-Anlaufstellen unter einem stylischen Dach vereint.

Für Frühaufsteher gibt es in der Panorama-Cafeteria den Kaffee mit Donuts und Muffins schon ab 7.30 Uhr. Man muss zugeben, dass es nicht gerade der leckerste Kaffee von ganz Berlin ist, aber der Ausblick versöhnt einen schnell. Schließlich muss man für so eine Aussicht an bekannteren Plattformen à la Fernsehturm oder Panoramapunkt Potsdamer Platz ziemlich lange Schlange stehen. Ab 11.30 Uhr bis circa 14.30 Uhr kann in der Cafeteria auch zu Mittag gegessen werden, dabei kann aus zwei bis vier angebotenen Gerichten gewählt werden. Und die sind auch noch ziemlich preiswert: So zahlt man beispielsweise für die Putenbrust an Zitronen-Kurkuma-Soße mit Backkartoffeln und Salat nur 5,50 Euro. Prima Preis-Leistungs-Verhältnis!

Cafeteria TU Skyline · Mo–Fr 7.30–16 Uhr · Ernst-Reuter-Platz 7 · 10587 Berlin
Tel. 030/939 39 77 80 · www.stw.berlin · Haltestelle: U Ernst-Reuter-Platz

Zwar gibt's im Skyline nur Kantinen-Style, dafür ein tolles Panorama.
Aussicht ohne Warteschlange: der Blick im Winter Richtung Goldelse

Die Kinder toben auf dem Spielplatz, man selber sitzt auf einer Bank im Schatten.
Der Ziegenhof in Charlottenburg zählt zu den tierischen Perlen im Kiez.

Ziegenhof für die ganze Familie

Kinder mitten in der Stadt unbeaufsichtigt toben lassen – das geht im Hinterhof der Danckelmannstraße 16 in Charlottenburg. Dort liegt nämlich der Ziegenhof versteckt, ein 6000 Quadratmeter großes Paradies für Klein und Groß.

Wer hinter der unscheinbaren Toreinfahrt in der Danckelmannstraße 16 nur einen weiteren grauen Hinterhof vermutet, der wird überrascht sein: Dahinter verbirgt sich nämlich ein riesiges Areal, das perfekt für Familien mit Kindern ist. Schattenspendende Bäume, Kräuterbeete, ein Spielplatz für die Kleinen, summende Bienen, hübsche Hühner und natürlich das freundliche Meckern aus dem Ziegenhaus empfangen die Besucher des Ziegenhofs, der im September 2017 schon seinen 35. Geburtstag feierte. Hier finden Eltern wie Kinder eine willkommene Ablenkung vom hektischen Alltag in der Großstadt.

Viele Menschen aus dem Kiez kommen an diesem Ort zusammen, um ungezwungene Stunden zu erleben und allerlei zu entdecken. Er wird quasi als so etwas wie das soziale und kommunikative Zentrum des Kiezes am Klausenerplatz gesehen. Den Namen Kiez gab ihm

> **Für Kinder ist es das Größte, eine Ziege mal selber füttern zu dürfen. Das geht gut mit Heu, Stroh, Petersilie oder frischen Blättern.**

der gleichnamige Platz am Spandauer Damm nahe dem Schloss Charlottenburg, dem man auch gleich einen Besuch abstatten kann. Doch zurück zum Ziegenhof! Was viele nicht wissen: Möglich gemacht wird das gemeinnützige und nicht wirtschaftlich orientierte Projekt durch die Initiative »Block 128«, die dauerhaft auf der Suche nach engagierten Mithelfern ist. Freiwillige können beispielsweise die Tiere mitversorgen oder ein eigenes kleines Projekt realisieren. So kamen auch schon ein Hochbeet und verschiedene Lerngärten für die anliegenden Kindergärten zustande, ein Imker kümmert sich um zwei Bienenvölker. Im Ziegenhof lebt man ganz nach dem Motto: Die Freiflächen und Innenhöfe in Berlin sollten den Bürgern dienen, nicht dem Kommerz!

Ziegenhof · rund um die Uhr zugänglich · Danckelmannstr. 16 · 14059 Berlin
www.ziegenhof-berlin.de · Haltestelle: U Sophie-Charlotte-Platz

Zeitreise im Kaffeehaus Grosz

Das im sanierten Haus Cumberland beheimatete Kaffeehaus Grosz nimmt Besucher mit auf eine kleine Zeitreise. Ähnlich wie ein klassisches Wiener Kaffeehaus empfängt es die Bohème – mondän, erhaben und entspannend zugleich.

Das Kaffeehaus Grosz beeindruckt zunächst vor allem durch seine unendlich wirkende Weite, Höhe und Größe, natürlich auch durch den Stuck, das Gold, das dunkle Edelholz, die Kronleuchter und die Säulen sowie das angenehm schummrige Licht. Ein Hauch Paris, ein Hauch Wiener Kaffeehaus, ein Hauch Vergangenheit – Berlin ist plötzlich ganz weit weg. Dabei ist das Kaffeehaus nach einem gebürtigen Berliner benannt: dem Maler und Karikaturisten George Grosz (1893–1959).

Auf der Speisekarte im hinteren Restaurantbereich stehen traditionelle Gerichte, versehen mit einem modernen Touch, ähnlich wie im stadtbekannten Promi-Hotspot Borchardt, das ebenfalls Roland Mary betreibt. Die Fischgerichte vom *Loup de Mer* bis hin zum Thunfisch-Steak sind sehr zu empfehlen. Ein kulinarischer Schwerpunkt der Edelbrasserie sind erstklassige Steaks, allerdings wird hier jede kleine Beilage extra berechnet. Natürlich sollte man im »Grosz« auch den Nachtisch probieren, schließlich sind Kenner am Werk. Die hauseigene Pâtisserie L'Oui backt täglich frische Tartes, Eclairs und Co, was besonders im vorderen Café-Bereich auf die feinen Porzellanteller kommt. Dieser Ort verdient deshalb Aufmerksamkeit, weil das heute denkmalgeschützte Haus Cumberland 1911/1912 als eines der schönsten Häuser des Kurfürstendamms errichtet wurde. Es verfügte als sogenanntes Boarding-Haus über Restaurants, 18 Ladengeschäfte, eine Konditorei, eine American-Bar, ein Klubzimmer, einen Fechtsaal, eine Kegelbahn, einen Dachgarten und im vierten Stock befand sich sogar eine Kur- und Badeanstalt. Es ist das letzte vollständig erhaltene Beispiel eines echten Grandhotels, alle anderen Berliner Hotels dieser Art wie das Adlon oder das Esplanade wurden im Zweiten Weltkrieg zerstört.

Kaffeehaus Grosz · tgl. ab 9 Uhr · Kurfürstendamm 193/194 · 10707 Berlin
Tel. 030/652 14 21 99 · www.grosz-berlin.de · Haltestelle: U Adenauerplatz

In der hauseigenen Bäckerei und Pâtisserie L'Oui entstehen feinste Leckereien.

46

Mittagstisch bei Bellwinkel

Mitten im gemütlichen Güntzelkiez können Besucher bei Bellwinkel zusammen mit älteren Damen aus dem Kiez zu Mittag essen – alle an einem großen Holztisch. Hier wird täglich frisch und einfallsreich gekocht, beispielsweise raffinierter Fisch-Strudel, kräftige Steckrübensuppe oder Eier-Curry mit Couscous.

Suppe, Vorspeisenteller (oftmals Gemüse vom Blech mit selbstgemachtem Dip oder Salat an hausgemachter Soße) und ein vegetarisches sowie ein Fleisch- oder Fischgericht stehen im Bellwinkel jeden Tag auf der Karte (Hauptgericht für ca. 8 Euro, Suppe für ca. 4 Euro). Dazu wird frisches Brot serviert. Gekocht wird von Carola Doering und Pia Koppelkamm, die sich in ihrem Laden auf regionale und saisonale Küche spezialisiert und immer das gewisse Etwas im Blick haben.

Alle, die daheim eines der tollen Rezepte nachkochen möchten, können im Bellwinkel einen Kochkurs besuchen.

Während das Essen portioniert wird und bevor man sich an den großen Holztisch setzt (insgesamt haben nur zehn Personen Platz), gibt es in dem kleinen Feinkostladen noch Vieles zu entdecken. Im Mittelpunkt steht nämlich eigentlich nicht die Kochkunst der Besitzerinnen, sondern das bunte Potpourri aus hübschen Geschenkideen wie beispielsweise Ingwer-Marmelade, Vegan-Kochbücher oder ausgefallene Chutneys.

Das wechselnde Feinkost-Sortiment ist dabei nach einem speziellen, meist saisonalen Thema ausgerichtet. Als Nachtisch werden feine Fiat-Noir-Schokoladenpralinchen, selbstgemachte Mohrenköpfe oder aus Frankreich importierte Macarons serviert. Auf diese Leckereien kann man sich bereits während des Essens freuen.

Ein Besuch bei Bellwinkel lohnt sich also nicht nur für den besonderen Mittagstisch zusammen mit netten Menschen aus dem Kiez, sondern auch, um ganz nebenbei das ein oder andere exquisite Geschenk zu besorgen. Vorbeischauen und Stöbern ist also dringend empfohlen!

Bellwinkel · Mo–Fr 10–19, Sa 10–14 Uhr · Güntzelstr. 46 · 10717 Berlin
Tel. 030/86 39 66 86 · www.bellwinkel-feinkost.de · Haltestelle: U Güntzelstraße

Hier gibt's nur einen Tisch für alle, und auf dem liegen allerhand Leckerlis.
Typisches Mittagessen im Bellwinkel: vegetarisch mit lecker Dip und Bio-Salat

Kiss me, baby! Ein Besuch im Lippenstiftmuseum inspiriert definitiv …

Lippenstiftmuseum
von René Koch

47

Kein öffentliches Museum, eher eine private Sammlung mit Wohn-zimmerflair ist das Lippenstiftmuseum des Star-Visagisten René Koch. Führungen gibt es nur nach Anmeldung, dafür können Be-sucher der Geschichte des Lippenstifts anhand vieler Exemplare auf den Grund gehen.

Visagist René Koch schminkte Hildegard Knef, Joan Collins, Claudia Schif-fer und viele andere. Er arbeitete bei Yves Saint Laurent und kümmerte sich 40 Jahre lang in New York, London, Paris und Berlin um die Schönheit der Stars. Heute berät er noch etliche von ihnen, aber er kümmert sich auch liebend gern um seine Sammelleidenschaft: Etwa 300 Lippenstifte aus den verschiedensten Epochen hat er schon beisammen.

Seit 30 Jahren geht der gebürtige Heidelberger auf Flohmärkten oder in Foren auf die Suche nach kostbaren Lippenstiften. Diese und alte Plakate über Lippenstifte sowie 150 Kussabdrücke pro-minenter Frauen sehen angemeldete Besucher bei Champagner in Kochs Wohnzimmer. Den ersten »richtigen« Lippenstift stellte übrigens 1883 ein Pariser Parfümhersteller auf der Welt-ausstellung in Amsterdam vor: ein in Seidenpa-pier gewickelter Stift aus gefärbtem Rizinusöl, Hirschtalg und Bienenwachs.

Im Anschluss an die Führung kann man sich einen echten Klassiker von Chanel im nicht weit entfernten KaDeWe kaufen.

Zu den kostbarsten Exemplaren zählt ein Stift mit Brillanten, Diamanten und schwarzen Saphiren in Emaillehülse aus den 1920er-Jahren (Art-déco, ca. 1500 Euro) und einer aus Sterlingsilber mit integrierter Puderdose und Spieluhr (Stummfilmzeit, ca. 750 Euro). Und Koch sammelt weiter: »Eine so große Lippenstiftsammlung wie meine endet nie und so kaufe ich auch alles Neue, was in Sachen Lip Rouge auf den Markt kommt«, erklärt er. »Denn die Neuen von heute sind die Exoten von morgen. Schließlich soll meine Lippen-stiftsammlung mich überleben und den Kosmetikinteressierten in 100 Jahren zeigen, was Anfang des 21. Jahrhunderts trendy war.«

Lippenstiftmuseum · Besuch nur nach telefonischer Anmeldung, erreichbar Mi–Fr 11–19 Uhr
Helmstedter Str. 16 · 10717 Berlin · Tel. 030/854 28 29 · www.lippenstiftmuseum.de
Haltestelle: U Berliner Straße

48 Taj Mahal in Wilmersdorf

Die Rede ist nicht etwa von einem indischen Lieferservice. Hier geht es vielmehr um die bezaubernde Wilmersdorfer Moschee. Sie ist die erste und damit älteste Moschee Deutschlands und bringt mit ihren schlanken Minaretten einen Hauch von 1001 Nacht mitten nach Wilmersdorf.

Vom Fehrbelliner Platz zwei Mal um die Ecke gebogen und schon thront sie zwischen ganz gewöhnlichen Wohnhäusern: die Wilmersdorfer Moschee mit ihrer imposanten Kuppel und den beiden schlanken Minarett-Türmen. Sie wurde im indisch-muslimischen Stil nach dem Vorbild indischer Grabstätten und in Anlehnung an die Mogul-Architektur in den 1920er-Jahren erbaut. Damit ist sie sogar die älteste, noch im Ursprungszustand erhaltene Moschee in ganz Deutschland.

Da etwa 1400 in der Stadt lebende Muslime aus 41 Nationen (vor allem Lahore-Ahmadiyya-Anhänger) keine Möglichkeit für ihr tägliches Gebet sahen, schlossen sie sich 1922 zur Islamischen Gemeinde Berlin e.V. zusammen und errichteten ihre eigene Moschee. Fertiggestellt wurde sie im Jahr 1927 vom Architekten Karl August Hermann. Ende des Zweiten Weltkriegs wurden das Wohnhaus des Imam, das baulich angeschlossen ist, sowie die Kuppel und die Minarette zerstört. Erst 1952 wurde die Moschee mit einer Festpredigt wieder ihrer Bestimmung übergeben. Seit 1993 schließlich steht sie unter Denkmalschutz.

Während der Bau von außen tatsächlich etwas ans indische Taj Mahal erinnert, imponiert er innen mit kräftigen Farben unter der Kuppel, in der 400 Personen Platz finden. So sind die Wände und Decken in Ocker, Rot, Wasserblau und Weiß gehalten und mit Zitaten aus dem Koran in arabischen Schriftzeichen versehen. Übrigens: Menschen aller Religions- oder Glaubensrichtungen können die Moschee besuchen, die auch als islamisches Informationszentrum dient. Albert Einstein, Thomas Mann und Hermann Hesse sollen dem schönen Gebetshaus schon einen Besuch abgestattet haben …

Wilmersdorfer Moschee · Brienner Str. 7–8 · 10713 Berlin · Tel. 030/873 57 03
Haltestelle: U Fehrbelliner Platz

Sie würde man eher in Marrakesch vermuten als im Kiez: die Wilmersdorfer Moschee.
Märchenhaft schön sieht die erste und älteste Moschee Deutschlands aus.

Beim lauschigen Rheingauer Weinbrunnen auf dem »Rüdi« trifft sich Jung und Alt.

Wein trinken auf dem Rüdesheimer Platz

Ein Ausflugstipp für die Zeit von Mai bis September: Ein Sommerabend auf dem »Rüdi« ist für die Wilmersdorfer Pflichtprogramm, gibt es doch auf dem Platz eine Weinquelle, die nie versiegt, und eine Picknickwiese für alle.

Die Anwohner kommen mit Kind und Kegel, packen ihr Camping-Equipment aus, lauschen den Straßenmusikanten beim Gitarrespielen, laben sich an den üppigen Blumenbeeten sowie den alten Baumbeständen und genießen guten Wein.

Schon seit 1967 sprudelt in den Sommermonaten auf dem Rüdesheimer Platz im Wilmersdorfer Rheingauviertel, das als »Gartenterrassenstadt« um 1910 entstanden ist, der Weinbrunnen, und das grüne Kleinod wird zum Lieblingstreff für die ganze Nachbarschaft. Der Rheingauer Weinbrunnen ist eben eine Institution: Am Ausschank werden Weine und Sekt aus dem Landkreis Rheingau-Taunus angeboten – drei Weingüter bespielen den Brunnen im Wechsel, sodass bei der Verköstigung keine Langeweile aufkommt. Der neubarocke Siegfriedbrunnen, der die westliche Schmalseite dominiert, sorgt beim Weingenuss für heimeliges Hintergrundgeplätscher.

> **Frühzeitig kommen und sich einen Platz in der untergehenden Sonne sichern, dazu das Weinglas in der Hand ...**

Historischer Hintergrund dieses Ortes: Seit 1972 besteht eine Patenschaft des damaligen Bezirks Wilmersdorf mit dem Landkreis Rheingau-Taunus, seit 1991 eine Partnerschaft. 2001 wurde der gesamte Rüdesheimer Platz mit dem Gustav-Meyer-Preis ausgezeichnet – für herausragende Pflege der Grünanlagen. Dabei sollte man auch einen Blick auf das dunkelgrün lackierte Café Achteck werfen, ein altes Herrenpissoir von 1900, das heute als modern gestaltetes WC für Damen und Herren dient.

Tipp: Frühzeitig kommen und sich einen Platz in der untergehenden Sonne sichern! Auch das Mai- oder das Sommerfest auf dem Rüdesheimer Platz sind übrigens einen Besuch wert.

Rüdesheimer Platz · 14197 Berlin · Haltestelle: U Rüdesheimer Platz

BücherboXX in umgebauter Telefonzelle

BücherboXXen – das sind zu Mini-Büchereien umgebaute Telefonzellen, die sich in Berlin großer Beliebtheit erfreuen. Die Box am S-Bahnhof Grunewald steht in der Nähe des Deportations-Mahnmals Gleis 17, zahlreiche Bücher informieren daher über die NS-Zeit.

Kostenlos mitgebrachte Bücher gegen neuen Lesestoff eintauschen oder sich über die Zeit des Nationalsozialismus informieren – das bietet die BücherboXX in Wilmersdorf in Form eines nützlichen Kunstwerks. An der Eingangstür der umgestalteten Telefonzelle lädt bereits das Zitat von Isaac Luria die Besucher zum Nachdenken ein: »Das Vergessenwollen verlängert das Exil, und das Geheimnis der Erlösung heißt Erinnerung.«

Das Projekt ist wirklich beispielhaft. An der Gestaltung der neuen Straßenbibliothek waren im Jahr 2012 Jugendliche aus verschiedenen Schulen und Ausbildungsbetrieben beteiligt. In Zusammenarbeit mit dem Brandenburger Künstler Rainer Ehrt bauten die Schüler die Telefonzelle zu einem neuartigen Erinnerungsort um.

Ende 2017 wurde die Box saniert, farblich und auch technisch, unter anderem mit einer HörboXX. Initiiert werden die BücherboXXen vom Institut für Nachhaltigkeit in Bildung, Arbeit und Kultur, das mittlerweile BücherboXXen in zahlreichen Ländern Europas betreut: Mit diesen wird ein altes Kulturgut, die Telefonzelle, zu einem neuartigen Objekt umgestaltet, das Menschen verbindet und nach dem Prinzip »Bring ein Buch, nimm ein Buch, lies ein Buch« funktioniert.

Die deutsche Geschichte ist ein Schwerpunkt der BücherboXX in Wilmersdorf. In die Entwicklung der Bücherei am Gleis 17, dem Mahnmal für die Deportation von über 50 000 Berliner Juden von 1941 bis 1945, wurde auch die Zeitzeugin Katharina Ehrlicher eingebunden. Sie berichtete den beteiligten Jugendlichen ihre Erfahrungen und Erlebnisse aus der NS-Zeit. In der Straßenbibliothek steht neben Sachbüchern zur Zeit des Nationalsozialismus auch Unterhaltungsliteratur zur Verfügung.

Frisch saniert: die BücherboXX am S-Bahnhof Grunewald mit praktischer Bank

Ja, das ist auch in Berlin! Ein riesiger Sandkasten mitten im Grunewald.
Von oben tut sich ein großer »Strand« auf, zum Buddeln, Sonnen oder Austoben.

Der größte Sandkasten der Stadt

Bagger, Schaufelchen und Eimer einpacken und ab zur größten Sandfläche der Stadt! Die Kiesgrube im Grunewald bietet sich aber nicht nur für einen ausgedehnten Familienausflug an. Auch Sonnenanbeter genießen es, ihre Füße im feinen Sand zu verbuddeln.

Jede Menge Zeit sollten Mama und Papa einplanen, wenn sie sich entschließen, zur Kiesgrube im Grunewald, die korrekt als »Sandgrube im Jagen 86« bezeichnet wird, zu fahren. Denn der schöne Sand im Übermaß macht Kindern so richtig viel Spaß – schließlich haben sie im Spielplatz um die Ecke nicht annähernd so viel Platz zum Toben und Spielen. Die hügelige Freifläche, die einen Strand im Urlaub auf authentische Weise nachahmt, ist auch perfekt, um sich einfach in die Sonne zu legen.

Wissenswert ist natürlich, woher diese riesige offene Grube mit insgesamt 3,5 Millionen Kubikmetern Feinsand eigentlich kommt: Sie ging aus einer ehemaligen Kiesgrube, die von 1966 bis 1983 industriell genutzt wurde, hervor. Nachdem der Bausand abgebaut war, rief die offene Fläche von circa 18 Hektar mit einer Tiefe von bis zu 25 Metern Naturschützer auf den Plan. 1992 wurden dann 13 Hektar der Fläche zum Naturschutzgebiet erklärt. Dieses umfasst auch einen kleinen See mit angrenzendem Sumpfgebiet. In dem Erholungsgebiet haben noch viele seltene Tierarten ihren Lebensraum.

> Wenn sich mitten im Wald eine derartige Szenerie vor Augen öffnet, ist man schier überwältigt davon, wie herrlich vielfältig diese Stadt doch ist ...

Wer Glück hat, dem flattert ein hübscher Schmetterling über den Weg, rund 190 Schmetterlingsarten wurden hier gezählt. Wer noch mehr Urlaubsgefühl möchte, der besucht nach dem Buddeln den benachbarten idyllischen Teufelssee. Der kleine Waldsee ist umgeben von einem dichten Baumbestand und lädt mit guter Wasserqualität zum Verweilen und Schwimmen ein – auch Nacktbader werden hier häufig gesichtet.

Kiesgrube im Grunewald · Zugang über den Schildhornweg über drei befestigte Zugänge: im Norden und Süden der Sandgrube wurden Rampen installiert, an der nordöstlichen Ecke befindet sich eine Treppe mit 134 Stufen und ganz im Norden läuft man einfach den breiten Sandabhang hinunter
14193 Berlin · Haltestelle: S Grunewald

52 Strand am Grunewaldturm

Im Sommer ein einsamer Strand an glitzerndem Wasser – ja, auch das ist in Berlin zu finden! Fernab von überfüllten Badeseen und Freibädern findet sich unterhalb des Grunewaldturms eine kleine Oase direkt am Wasser.

Wenn die Temperaturen nach oben klettern, alle Berliner hinaus an den See fahren und sämtliche Strände einfach nur überfüllt sind, wünscht man sich oft nur eins: seine Ruhe. Und die findet man auch. Unterhalb des Grunewaldturms an der Havelchaussee befindet sich nämlich eine kleine, romantische Oase der Entspannung, die mit rund zehn Kilometern übrigens Berlins längste sowie kurvenreichste Uferstraße (Tempo 30!) ist und früher als West-Berlins Ausflugsziel Nummer eins galt.

Der rote Backsteinturm, der auf einer rund vier Meter hohen Plattform zwischen den Bäumen auf dem Karlsberg steht, leuchtet schon von Weitem und weist den Besuchern optimal den Weg, um den »geheimen« Strand zu finden. Vom bekannten Aussichtsturm aus nimmt man nämlich linker Hand nur ein paar Stufen nach unten, streift durch den Wald in Richtung Wasser, und schon eröffnet sich die hübsche, kleine Bucht mit Sandstrand und Zugang zur Havel – und keine Menschenseele ist da. Aber Vorsicht: Die Badestelle wird sehr schnell tief! Imbissbuden sucht man hier natürlich vergebens. Packen Sie daher am besten einen großen Picknickkorb oder kehren Sie im Anschluss an den Strandbesuch im großzügigen Biergarten des Restaurants Grunewaldturm ein, der wunderschön in den Wald eingebettet ist. Den Blick auf die Havel gibt es da auch inklusive, allerdings geht es im Sommer ziemlich voll und laut zu, zählt dieser Ort doch zu den beliebten Ausflugszielen der Berliner.

Wer die Aussichtsplattform des Grunewaldturms in 36 Metern Höhe über dem Boden und etwa 86 Metern über dem Wasserspiegel der Havel erklimmt, der wird mit einem weiten und beeindruckenden Rundumblick über die Stadt belohnt.

Grunewaldturm · Turm und Restaurant tgl. ab 10 Uhr
Havelchaussee 61 · 14193 Berlin · Tel. 030/41 72 00 01 · www.restaurant-grunewaldturm.de
Haltestelle: Bus 218 Grunewaldturm

Traumhaft: ein Seeufer, das man sich nicht mit Hunderten teilen muss

53

Ausflug zum Teufelsberg

Jeder Berliner kennt den Teufelsberg im Grunewald. Die meisten wissen, was es mit diesem geschichtsträchtigen Ort auf sich hat. Seit Anfang 2011 kann man auch an einer Führung über das durch Verfall und Vandalismus stark beschädigte Gelände teilnehmen.

Von der S-Bahn-Station Grunewald aus geht es rund 20 Minuten durch den Wald, vorbei am alten Weinberg, wo in den 1970er-Jahren das Wilmersdorfer Teufelströpfchen angebaut wurde. Schließlich erreicht man das Areal, das von drei Zäunen mit vielen Löchern und einem verschlossenen Eisentor umgeben ist: das ehemals von den Westalliierten als Abhörstation genutzte Gipfelplateau.

Ausgerüstet mit Taschenlampen geht man auf Erkundungstour durch die Gebäude der alten Abhörstation, vorbei an der ehemaligen Einlasskontrolle

Sieht aus wie aus einem Science-Fiction-Film, ist aber die Aussicht vom Teufelsberg.

und der Kantine zur früheren Telefonstation. Vom raumausfüllenden, klobigen, aber damals hochmodernen Dokumentenvernichter geht es weiter zum eigentlichen Highlight: den ehemaligen Radartürmen mit den riesigen Kuppeln, die man bereits bei der Anfahrt nicht übersehen kann und unter denen früher die Abhörantennen versteckt wurden.

Genau deswegen war der Ort früher verboten und übt seither eine dunkle Faszination auf viele Berliner aus. Der beeindruckende Ausblick von den Türmen aus wäre allein den Besuch wert. Man blickt über den Grunewald und ganz Berlin, bei gutem Wetter kann man sogar den 35 Kilometer entfernten, 115 Meter hohen Müggelberg sehen.

Ebenfalls erlebenswert: im obersten Stockwerk des höchsten Radarturms einmal auf das Podest in der Mitte steigen und mit sich selbst sprechen – der Hall ist unglaublich. Deshalb finden an der Stelle auch gern Beatbox- und Akustik-Sessions statt. Wie lange die Führungen noch stattfinden können, ist nicht klar – schließlich dürften die seit 1992 immer mehr und mehr verfallenden Ruinen in einigen Jahren nicht mehr begehbar sein.

Teufelsberg · alle Infos zu den verschiedenen Führungen unter www.teufelsberg-berlin.de · Haltestelle: S Grunewald / Ausgang Eichkampstraße

Noch ist er in der Wilmersdorfer Straße, bald zieht der Reste-Supermarkt um!
Warum nicht mal eine ganze Box mit geretteten Lebensmitteln bestellen?

Der Supermarkt für gerettete Lebensmittel

Lebensmittel retten und günstiger verkaufen, statt sie wegzuwerfen, das macht der neue Reste-Supermarkt SirPlus. Mit dieser nachhaltigen Idee schaffte es das Start-up auf der Beliebtheitsskala bei Berlinern und seinen Gästen schnell ganz nach oben.

Wer kennt es nicht, das schlechte Gewissen, weil man mal wieder etliches aus dem Kühlschrank direkt in den Müll geworfen hat? Das passiert im eigenen Haushalt im kleinen und in der Lebensmittelindustrie leider im großen Stil. Die drei SirPlus-Initiatoren Raphael Fellmer, Martin Schott und Alexander Piutti hatten die Idee, genau dem entgegenzuwirken und essbare Lebensmittel vor der Mülltonne zu retten. Mittels Crowdfunding konnten sie ihre Vision in die Tat umsetzen, und im Herbst 2017 eröffnete in Charlottenburg Berlins erster Reste-Supermarkt. Zum etwa 70 Artikel umfassenden Sortiment gehören beispielsweise zu kleine Kartoffeln, abgelaufene Süßigkeiten, Obst mit ein paar Druckstellen und zahlreiche andere Lebensmittel, die anderswo aussortiert werden, obwohl sie absolut genießbar sind. Darunter Bio- sowie Nicht-Bio-Lebensmittel, Milchprodukte, Fleisch oder auch gerettete Kosmetik und andere Dinge des täglichen Gebrauchs für Küche und Bad.

> Das Gefühl, wenn die online bestellte Retterbox (35 Euro), daheim eintrifft und man seine geretteten Lebensmittel genießt, ist einfach toll.

Warum es sich lohnt, in dem kieztypischen kleinen Lebensmittelladen einzukaufen? Weil man die Welt damit ein kleines bisschen besser machen kann und CO_2 für Produktion und Lieferung neuer Lebensmittel einspart. Günstig ist es außerdem. Die regionalen und saisonalen Nahrungsmittel werden bis zu 70 Prozent billiger verkauft als im Supermarkt.

Wer die Idee toll findet, aber nicht um die Ecke wohnt, kann auch im Onlineshop Lebensmittel bestellen und Geld wie Zeit sparen und die Umwelt schonen! Geplant sind übrigens zahlreiche weitere SirPlus-Anlaufstellen in Berlin. Das Ziel: Lebensmittelrettung muss Mainstream werden.

SirPlus Store · Mo–Sa 9–20.30 Uhr · Wilmersdorfer Str. 59
10627 Berlin · Tel. 030/50 56 01 50 · www.sirplus.de
Haltestelle: U Wilmersdorfer Straße

Ausflug zur Kleinen Badewiese

Nicht weit vom Gutspark Neukladow (siehe S. 106) entfernt liegt ein weiterer besonderer Ort, der sich perfekt für eine Entdeckungstour mit der ganzen Familie eignet: die Kleine Badewiese an der Unterhavel in Spandau.

Ein Besuch der Kleinen Badewiese im alten Gatower Ortskern ist so ähnlich wie ein Abstecher ins Freibad – nur eben weitaus idyllischer, natürlicher und romantischer.

Die Unterhavel ist eine eiszeitliche Entwässerungsrinne und reicht vom Beginn der Seestrecke südlich der Spreeeinmündung in die Havel im Bezirk Spandau bis zur Landesgrenze im Jungfernsee im Bezirk Steglitz-Zehlendorf. Sie weist ein Gesamtwasservolumen von 60,1 Millionen Kubikmetern und eine Wassertiefe von rund 4,9 Metern auf. Das Wasser selbst kommt aus der Oberhavel und der Spree.

In den Sommermonaten kann man sich ganz in der Nähe ein Kajak mieten und auf der Havel paddeln.

Am Ufer der Unterhavel kommen manchmal Kanadagänse vorbei. Große alte Laubbäume spenden an besonders heißen Tagen Schatten. Weite Wiesenflächen sorgen dafür, dass alle genug Platz haben, dafür gibt es nur wenig Sand. Der Blick schweift über das Wasser hinüber zum Wilmersdorfer Ufer mit dem Grunewald und dem Grunewaldturm (siehe S. 96).

Wenn man sich stärken möchte, kommt das familiäre Restaurant Kleine Badewiese sehr gelegen. Dieses zählt zu den Berliner Institutionen, schließlich ist es schon seit 25 Jahren eine beliebte Anlaufstelle im Sommer. Drinnen ist es urig mit viel Holz und jeder Menge maritimer Accessoires, draußen genießt man Biergartenflair. Neben Frühstück und Mittagessen mit Berliner Küche holt man sich hier Kaffee und Kuchen oder schnell mal ein Eis.

Schade: Es handelt sich zwar um eine offizielle EU-Badestelle, doch vom Baden wird wegen der Wasserqualität seit 2011 abgeraten. Das hält uns aber nicht vom Besuch ab. Gehen wir eben nur chillen mit Seeblick.

Kleine Badewiese · April–Sept. Di–So 9.30–22, Okt. –Dez. Di–So 12–20 Uhr
Am Wiesenhaus 8 · 14089 Berlin · Tel. 030/362 41 98 · www.kleine-badewiese-gatow.weebly.com
Haltestelle: Bus 134 / 334 / N 34 / X34 Alt-Gatow

Ehemalige Agentenbrücke

Heute herrscht an der Glienicker Brücke reger Pendlerverkehr über die Havel. Kein Wunder, verbindet die 166 Meter lange Überführung doch Berlin-Zehlendorf mit der Berliner Vorstadt, einem Stadtteil Potsdams. Allerdings war während des Kalten Krieges dort keine Durchfahrt möglich, nur Diplomaten und Soldaten durften passieren. Besonders spannend: Ihren Zweitnamen »Agentenbrücke« trägt sie, weil sie in den Jahren 1962, 1985 und 1986 Schauplatz dreier spektakulärer Agentenaustausche mit insgesamt 40 Spionen aus Ost und West war. Zu DDR-Zeiten gab es in der Mitte der Brücke einen weißen Strich, die Grenze zwischen Ost und West. Seit 1989 ist die Glienicker Brücke, die ihren Namen dem ehemaligen Gut Klein Glienicke, heute Schloss Glienicke, verdankt, uneingeschränkt befahrbar. Von der Brücke aus kann man einen fabelhaften Blick auf die Havellandschaft genießen!

Glienicker Brücke · Am Ende der Königstraße · 14109 Berlin
Haltestelle: Bus 316 / N16 Schloss Glienicke

Die Glienicker Brücke verbindet den südwestlichen Teil Berlins mit Potsdam.

Beliebt bei Berlinern wie Touristen: auf einen Kaffee ins Café Max am Wannsee
In der Gartenanlage, die ans Seeufer reicht, kann man herrlich Energie tanken.

Kaffeekränzchen bei Max Liebermann

Ein Kleinod am Wannsee: im Sommer auf der Terrasse des Café Max der Villa Liebermann sitzen und mit Blick auf den hübsch angelegten Garten und den Großen Wannsee Kaffee trinken. Ein Nachmittag hier fühlt sich an wie ein Kurzurlaub.

Ausflüge zum Wannsee sind beliebt. Wer es dabei noch nie in die Liebermann-Villa geschafft hat, der sollte das aus verschiedenen Gründen nachholen: Zum einen, weil die Kunstausstellung Max Liebermanns Werke vom Wannsee zeigt, das heißt, Museumsbesucher sehen Gemälde am Ort ihrer Entstehung und haben die Motive wie beispielsweise die Blumenterrasse oder den Staudengarten direkt vor Augen. Zum anderen, weil das Gebäude, das der Berliner Maler und Grafiker Max Liebermann sich 1909 als Sommerhaus bauen ließ, wirklich ein kleines Schloss am See ist – so nannte es der Künstler übrigens auch liebevoll.

Dann der Garten: In der fast 7000 Quadratmeter großen Anlage, die von Alfred Brodersen gestaltet wurde, hat Liebermann über 200 seiner impressionistischen Gemälde kreiert. Seine Inspirationsquellen sind unmittelbar spürbar: der romantische Birkenweg, die Heckengärten, die Blumen, alles mit klaren Sichtachsen konstruiert. Von 2002 bis 2006 wurden Haus und Garten übrigens denkmalgerecht rekonstruiert.

Ein Besuch im Café Max rundet die kleine Reise ab. Gäste sitzen im ehemaligen Speisezimmer der Liebermanns, mit Parkettboden und Bildern an den Wänden. Schöner ist aber die Terrasse im Sommer mit dem beeindruckenden Panorama auf Wasser und Parkanlage. Die verschiedenen sehr leckeren Kuchen und Torten stammen vom Bio-Konditor.

Auch für Familien lohnt sich der Ort: Die Kinder können auf der großen Wiese ausgelassen toben und stören dabei niemanden. Wenn man schon mal hier ist, lohnt auch der Besuch der geschichtsträchtigen Gedenkstätte Haus der Wannsee-Konferenz – der Ort, an dem 1942 der begonnene Holocaust an den Juden im Detail organisiert wurde.

Café Max · April–Sept. Mi–Mo 10–18, Do bis 20, Okt.–März Mi–Mo Di 11–17 Uhr
Liebermann-Villa am Wannsee · Colomierstr. 3 · 14109 Berlin · Tel. 030/80 49 84 33
www.cafe-max-liebermann.de · Haltestelle: Bus 114 Colomierstraße

58 Mit der BVG-Fähre nach Kladow

Sonntag, Sonnenschein, beste Bedingungen für einen Ausflug an den Wannsee – doch wer will schon unter Hunderten wie eine Sardine in der Dose im Strandbad Wannsee liegen. Verlockender ist es doch, auf der neuen Fähre der BVG den See zu queren, um dann auf den Spuren von Bismarck zu wandern und mediterranes Flair zu genießen.

Mit der BVG-Fähre F10, der »MS Wannsee«, Anlegestelle S-Bahnhof Wannsee geht's quer über den Wannsee nach Alt-Kladow, vorbei am Strandbad Wannsee und der Halbinsel Schwanenwerder rechter Hand sowie der Insel Imchen, auf der Scharen von Vögeln ihre Nester bauen, linker Hand. Das gelbe Gutshaus am Kladower Ufer ist bereits kurz zu sehen.

Die Schifffahrt dauert gute 20 Minuten. Am Ziel angekommen, kann an der Promenade ein Eis geschleckt werden – aber Vorsicht, die Schwäne hier

»Pack' die Badehose ein …«: Was wäre Berlin ohne den zauberhaften Wannsee?

können sehr zutraulich und aggressiv werden! Nach einem 15-minütigen Spaziergang über die ruhige Imchenallee geht's durch das Gutsparktor und schon genießt man auf der kleinen Anhöhe eine wunderbare Aussicht auf die Havel, umrahmt von Büschen und Bäumen.

Das frühklassizistische Gutshaus Neukladow wacht über diese Idylle, in der sich schnell Italien-Urlaubsflair einstellt. Das Haus wurde 1800 gebaut und bis 1806 von Otto von Bismarcks Mutter als Wohnsitz genutzt. Zu Beginn des letzten Jahrhunderts traf sich hier in der Villa Luise sonntags regelmäßig die Berliner Kunstszene, darunter Gerhard Hauptmann, Max Slevogt und Max Liebermann.

Seit 1995 steht das Gebäude unter Denkmalschutz, seit Juni 2017 serviert hier das Gutshaus Neukladow den Ausflüglern täglich zum perfekten Ausblick Kaffee, Kuchen und mehr. Hier setzt man sich einfach auf eine der roten Bänke über dem Haveluferweg und betrachtet all die vorbeigleitenden Segel. Es gibt definitiv nur wenige Orte in Berlin, an denen man so schnell zur Ruhe kommen kann.

> Einen Abstecher ist definitiv die romantische Pfaueninsel wert. Mehr wird noch nicht verraten ...

BVG-Fähre F10 · www.bvg.de (unter Fährlinie) · tgl. 10–17 Uhr · Haltestelle: S Wannsee
Gutshaus Neukladow · Neukladower Allee 9–12 · 14089 Berlin · www.gutshausneukladow.de

Sehr beliebt nicht nur bei Paaren: die perfekte Hochzeitslocation Nikolskoe

Die romantischste Kirche
der Stadt: Nikolskoe

Idyllisch im Wald liegt die Kirche St. Peter und Paul auf Nikols-koe. Für alle Romantiker, die diesen Ort noch nicht besucht haben, ist der in die Havellandschaft eingebettete Backsteinbau ein absolutes Muss.

Im Wald zwitschern nur die Vögel und die Blätter rauschen, stündlich von zehn Uhr bis Sonnenuntergang ertönt ein Glockenschlag. Dieser kommt von Berlins wohl romantischster Kirche St. Peter und Paul auf Nikolskoe, von der aus man eine wunderschöne Aussicht auf die Havel und die benachbarte Pfaueninsel hat.

Die auf einer Anhöhe gelegene Kirche mit dem markanten Zwiebelturm wurde bereits im August 1837 eingeweiht. Die russische Zarin Alexandra Feo-dorowna soll derzeit ihren Vater, König Friedrich Wilhelm III. von Preußen, davon überzeugt haben, in der Nähe der Pfaueninsel eine Kapelle »zum stillen Abend-gebet« errichten zu lassen. Das Innere der Kirche steht in einem gewissen Kontrast zum russischen Äußeren der Kirche: Die Saalform und die Emporen sind das einzig original er-haltene Beispiel einer sogenannten Berliner Vorstadtkirche, ein Bautyp, der von Karl Fried-rich Schinkel entwickelt worden war. Typisch ist die Kuppelform. Im Verlauf der letzten 140 Jahre haben die Zinkplatten jedoch ihre Farbe verloren und so wurde die Kuppel des Zwiebelturms 1979 und 1980 restauriert und die Ziegel nach altem Vorbild neu verfugt.

> **Kehren Sie danach in der historischen Gaststätte Blockhaus Nikolskoe (Nikolskoer Weg 15) ein und genießen Sie den Ausblick von der Terrasse aus.**

Bis heute kommen viele Hauptstädter in diese besondere Backstein-kirche, um die Stille und die Natur ringsum in sich aufzusaugen und den Großstadtalltag für eine Weile hinter sich zu lassen. Besonders schön – und kaum zu fassen, dass man sich noch in Berlin befindet – ist es hier am Mor-gen, wenn noch keine anderen Spaziergänger und Boote unterwegs sind. Seit 1990 zählt die Kirche zum Weltkulturerbe der UNESCO.

Evangelische Kirche St. Peter und Paul auf Nikolskoe · Nov–Apr. Mi, Fr–So 11–16 Uhr
Nikolskoer Weg 17 · 14109 Berlin · Tel. 030/805 21 00
www.kirche-nikolskoe.de · Haltestelle: Bus 316 Nikolskoer Weg

60 Flanieren im Steglitzer Stadtpark

Anders als andere Parks zählt der Steglitzer Stadtpark nicht zu den angesagten Hotspots der Stadt. Dafür hat diese Grünanlage etwas anderes zu bieten: lauschigen Charme, den einst sogar der Schriftsteller Franz Kafka schätzte.

Der Stadtpark Steglitz bietet auf 17 Hektar eigentlich alles, was ein Park seinen Besuchern bieten sollte. Dennoch zählt er eher zu den unbekannten Grünanlagen der Stadt. Kleine Teiche mit Wasservögeln, ein wunderschöner Rosengarten, Liegewiesen zum Sonnen, Wege zum Flanieren, viele schattenspendende Bäume, Bänke zum Ausruhen, mittendrin ein Springbrunnen. Der im Park befindliche Hügel wird im Winter zum Rodelhang.

Im Musikpavillon werden im Sommer Konzerte veranstaltet. Und für Familien gibt es gleich mehrere Anlaufstellen wie zum Beispiel die Minigolfanlage, den Bolzplatz, die Jugendverkehrsschule oder einen der vielen Spielplätze. Der schönste mit Reifenschaukel und Seilbahn befindet sich übrigens am südlichen Ende des Hauptwegs.

> Es sich am großen Fontänen-Teich mit dem Entenhaus gemütlich machen und das muntere Treiben der bis zu 50 Enten beobachten. Macht den Kopf schnell frei!

Der Ursprung des Parks liegt in den Jahren 1906–1914, als der damalige Gartendirektor Fritz Zahn und der Gartenbauinspektor Rudolf Korte ihn als Landschaftspark planten und auf ursprünglich sumpfigem Gelände anlegten. Anfang der 1920er-Jahre besuchten ihn sogar Franz Kafka und seine Freundin Dora Diamant. Augen auf beim Spaziergang durch diese grüne Oase: Etwas versteckt in der Nähe des kleinen Teiches findet man beispielsweise die *Bacchus*-Figur (1880) des Bildhauers Richard Ohmann. Auch das alte Steglitzer Wappen ist noch an den Laternen im Park zu entdecken.

Eine weitere Empfehlung für all diejenigen, die noch mehr Natur wollen: Vom Stadtpark aus kann man weiter am Teltowkanal entlangspazieren und Grünanlagen wie den Bäkepark und den Schlosspark Lichterfelde besuchen.

Stadtpark Steglitz · Albrechtstraße · 12167 Berlin
Haltestelle: Bus 282 Steglitzer Damm/Bismarckstraße oder Bus 186 Vionvillestraße

61

Das alte Adria Filmtheater kann in Steglitz bleiben

Auch wenn wir die neueren Kinos der Stadt wie etwa den Zoo-Palast oder das Delphi Lux sehr schätzen, gefällt uns diese Kultur-Perle besonders gut: das historische Adria Filmtheater in Steglitz. 1950er-Jahre-Feeling inklusive.

Das Adria Filmtheater am Rathaus Steglitz ist ein echtes Relikt aus früheren Zeiten. Das charmante Kino wurde 1952 eröffnet und ist auch heute noch ein Lichtspielhaus mit anspruchsvollem Spielplan. Es gehört genauso wie das Titania, und das Cinema zur Cineplex-Kino-Gruppe. Besonders zu empfehlen ist hier ein Besuch am Samstag zur traditionellen Matinee: Seit 1989 läuft hier die Schwarz-Weiß-Dokumentation »Berlin wie es war«. Der Film ist eine Stadtrundfahrt durch Berlin kurz vor dem Zweiten Weltkrieg und für alle Berliner wie Touristen ein toller Streifen, um zu begreifen, was die Hauptstadt ausmacht. Kurz nach seiner Fertigstellung wurde der Film zunächst von den Nationalsozialisten verboten, weil sich das Stadtbild durch die Bombenschäden verändert hatte. Die Uraufführung fand daher erst 1950 statt. Aber auch fernab dieses Films lohnt ein Blick auf das Programm.

Sich im Sommer noch im Garten-Café (Achtung: hier fahren jede Menge Autos vorbei!) eine leckere Curry-wurst im Glas genehmigen, für noch mehr Original-Berlin-Gefühl.

Das Kino selbst konnte sich seinen 1950er-Jahre-Charme bewahren, das Foyer hat sich seit damals kaum verändert. Die 275 Leder-sitze sind allerdings heute wesentlich moderner und bequemer als damals. Mit verstellbarer Rückenlehne! Und einen kleinen Tisch mit Getränkehalter gibt's auch! Es kann gut sein, dass sich dieser Kino-Besuch wie etwas ganz Exklusives, Privates anfühlt, weil der Kinosaal gerade an den Wochenend-nachmittagen nicht aus allen Nähten platzt.

Gut zu wissen: Wenn man via Cineplex-Express auf der Website oder mit der App den Sitzplatz bequem online reserviert, das e-Ticket nach dem Kauf ausdruckt oder aufs Handy lädt, erhält man 1 Euro Rabatt an der Snacktheke.

Cineplex Adria Filmtheater · Schlossstr. 48 · 12165 Berlin · Tel. 0180/505 07 11
www.cineplex.de/berlin-titania · Haltestelle: U Rathaus Steglitz

Ein Kinosaal von früher, der aber an die modernen Standards angepasst wurde

Chillen auf dem Dach im Klunkerkranich

Ein bunter Mix aus Spielplatz, Urban-Gardening-Projekt, Veranstaltungsort und Entspannungsoase ist der Klunkerkranich. Dieser Kulturdachgarten befindet sich auf dem obersten Parkdeck der Neukölln Arcaden und bietet so noch ganz nebenbei einen sagenhaften Panoramablick über die Stadt.

Einmal im Einkaufszentrum Neukölln Arcaden mit dem Fahrstuhl ins fünfte Obergeschoss fahren, die Parkhausschnecke bis ins sechste Geschoss laufen und schon erstreckt »er« sich vor einem: der Klunkerkranich Neukölln. Im Juli 2013 eröffnete der schöne »Vogel«, und sein Konzept unterscheidet sich ziemlich von den meisten anderen Dachterrassen der Stadt, die sich rein auf ihre schöne Aussicht verlassen. Neben gelegentlichen Partys, Workshops und Urban-Gardening-Projekten darf hier jeder herkommen, um ein bisschen Abstand vom Alltag zu bekommen und die Seele baumeln zu lassen. Wenn die Sonne scheint, kann man sich auf den schönen Podesten räkeln und für den Regenfall gibt es eine kleine Hütte.

Im ersten Winter fand sogar ein kleiner Weihnachtsmarkt – adäquat zum Flohmarkt im Sommer – statt. Bei Workshops lernt man, wie man seine Balkonpflanzen winterhart macht, es gibt einen Sandkasten für Kids, einen Kickertisch für die Jungs und dazwischen jede Menge schöne Pflanzen, um die sich alle kümmern sollen. Für Musik sorgen entweder unterschiedliche Bands oder DJs legen auf.

Insgesamt 1000 Quadratmeter Holz wurden übrigens für den Klunkerkranich verbaut. Kein Wunder also, dass es hier oben so gemütlich ist.

Acht Jahre lang darf der Klunkerkranich nun auf dem Parkhaus nisten und seine Gäste mit leckeren Speisen von Egg Benedict über Pulled Pork Sandwich bis hin zum zweierlei marinierten Tofu, und mit Getränken, wie Kaffee, Cocktails und Co. verwöhnen. Der weite Rundblick über die Stadt bis hin zum Alexanderplatz – und dazu ein Feierabend-Bier – das hilft ziemlich gut beim Runterkommen und Entspannen …

Klunkerkranich · Karl-Marx-Str. 66 · 12043 Berlin
tgl. 12–2 Uhr (ab 16 Uhr Einlass von Kindern nur in Begleitung der Eltern)
www.klunkerkranich.org · Haltestelle: U Rathaus Neukölln

Stimmung auf dem Parkdeck: Im Klunkerkranich ist es meist ganz schön voll.
Einer der Macher: Robin Schellenberg hat gut lachen.

Nicht viele Friedhöfe sind so sehenswert wie der idyllische St.-Matthäus-Kirchhof.
Ziemlich unspektakulär: die Gräber der bekanntesten Märchenerzähler ever

Grab der Gebrüder Grimm in Schöneberg

63

Nicht viele Menschen wissen, dass die bekanntesten Märchenautoren der Welt, die Brüder Jacob und Wilhelm Grimm, auf dem St.-Matthäus-Kirchhof in Schöneberg begraben sind. Doch ein Ausflug dorthin lohnt sich nicht nur für Fans von Rapunzel, Rotkäppchen und Frau Holle.

Der Alte St.-Matthäus-Kirchhof im Rote-Insel-Kiez zählt zu den interessantesten Friedhöfen der Stadt, repräsentiert er doch das Berlin der Gründerzeit. Er wurde 1856 eingeweiht und gehört zur St.-Matthäus-Gemeinde, die im südlichen Tiergartenviertel beheimatet ist. Dies wurde bis 1945 als Geheimratsviertel bezeichnet. Hier lebten viele reiche Unternehmer, Künstler und Wissenschaftler und wurden auch hier begraben. Heute zeugen in dem Friedhof mit der schönen Hanglage noch etliche große Wandgräber, Mausoleen und freistehende Bildwerke vom Reichtum der Verstorbenen.

Besonders sehenswert sind die an den Umfassungsmauern aufgereihten, vom italienischen Stil inspirierten Erbbegräbnisstätten, aber auch die vielen Gräber von »Prominenten«, darunter die in Hanau geborenen Brüder Jacob Ludwig Karl und Wilhelm Carl Grimm.

> Danach einen hausgemachten Kuchen in Deutschlands erstem Friedhofscafé Finovo essen.

Diese zogen 1840 nach einer Einladung des preußischen Königs Friedrich Wilhelm IV. nach Berlin. Dort wurden die studierten Juristen, die sich als Rechtsexperten, Übersetzer, Mythen- und Sprachforscher einen Namen gemacht hatten, zu Mitgliedern der Akademie der Wissenschaften berufen. Das größte Wahrzeichen, mit dem die Stadt an ihre berühmten Bürger erinnert, ist allerdings das 2009 eröffnete Jacob-und-Wilhelm-Grimm-Zentrum der Humboldt-Universität – eine architektonisch einzigartige Bibliotheks- und Forschungseinrichtung. Das Grab der Brüder wirkt dagegen eher unscheinbar.

Zahlreiche Persönlichkeiten wie der Arzt Rudolf Virchow oder der Musiker Rio Reiser sind ebenfalls auf dem wunderschönen Friedhof beigesetzt.

Alter St.-Matthäus-Kirchhof · Großgörschenstr. 12 · 10829 Berlin
Haltestelle: S Yorckstraße

Mehlstübchen in Schöneberg

Dem Schöneberger ist die Mehlmanufaktur sicherlich bekannt, doch auch alle anderen Berliner – vor allem Hobbybäckerinnen und Köche aus Leidenschaft – sollten diesen einzigartigen Ort kennen.

Schon gewusst, dass es extra Mehl für Nudeln gibt? Oder für Spätzle, Strudel und Pizzateig? Und dass Maultaschen mit besonderem Mehl viel besser gelingen? Oder schon mal was von glutenfreiem Kichererbsenmehl oder speziellem Mehl für französische Brioche gehört?

Wenn nicht, dann lohnt sich definitiv ein Besuch in der Welt des Mehls im Schöneberger Mehlstübchen, denn hier läuft alles getreu dem Motto: »Mehl ist wie guter Wein, es will richtig behandelt werden, dann kann es seine Stärke und Backeigenschaft zeigen«. Sehr viele Mehle – zum Beispiel auch aus Kanada, Österreich oder Ägypten – und natürlich sehr viele Mahlgrade, um die besten Eigenschaften des Mehls richtig zu nutzen, stehen in den Regalen.

> Neben dem Geruch von frisch gemahlenem Kaffee zählt der von Brot, das gerade aus dem Ofen kommt, zu den besten auf der Welt …

Für Liebhaber von selbst gebackenem Brot ist die Auswahl an dem pulverförmigen Produkt fast schon zu groß, um sich zwischen all den verschiedenen Sorten entscheiden zu können. Alternativ kann man sich mit einer der vielen Brotmischungen wie zum Beispiel Brandenburgerbrot mit Dinkel, Vitalbrot, Toscanabrot mit Kräutern oder auch einfach nur dem altbewährten Bauernbrot eindecken, die sich auch ganz bequem online bestellen lassen.

Die Inhaberin Nicole Kamrath ist selbst gelernte Bäckerin und hat ihren Laden »nur« als Geschäft eröffnet, mittlerweile wird im Stübchen aber auch selbst gebacken. Für Allergiker und Diabetiker gibt es auch allerlei interessante Angebote. Sie bekommen in dem Schöneberger Spezialgeschäft die für ihren Bedarf geeignete Backmischung. Und wer sich beim Backen noch etwas unter die Arme greifen lassen will, der kann sich auch für einen Backkurs anmelden.

Mehlstübchen · Mo–Fr 9–18, Sa 9–14 Uhr · Leberstr. 28 · 10829 Berlin · Tel. 030/74 68 41 41
www.mehlstuebchen.de · Haltestelle: S Julius-Leber-Brücke

Zum Anbeißen gut: die handgemachten Backwaren im Mehlstübchen

Schon von weitem sichtbar: der imposante Gasometer, den man auch besteigen kann

Wahrzeichen Schönebergs: Gasometer

Der Gasometer in Schöneberg mag manchen als Kulisse von Günther Jauchs ARD-Politik-Talkshow bekannt sein, anderen als weithin sichtbare Stahlkonstruktion im Bezirk. Besonders ist ein Rundgang auf dem obersten Laufsteg in 78 Metern Höhe.

456 Stufen geht's auf Gitterrost nach oben, dann werden Besucher mit einem wunderschönen Ausblick auf die ganze Stadt belohnt: Den höchsten Rundgang der Stadt bietet der Gasometer Schöneberg im Rote-Insel-Kiez.

In geführten Touren kann dieser erklommen werden, wobei man auch viel über die Geschichte des früheren Gasspeichers und denkmalgeschützten Industriebaus erfährt. Der Gasometer wurde zwischen 1908 und 1920 nach Entwürfen des Architekten Alfred Messel auf dem Gelände der GASAG errichtet und war seinerzeit einer der drei größten Gasbehälter Europas. Bis in die Mitte der 1990er-Jahre speicherte er das Gas der Berliner Bevölkerung. Im Inneren der Stahlkonstruktion befindet sich ein Kuppelbau, in dem regelmäßig Veranstaltungen stattfinden. Die Besonderheit dabei: Die Kuppel ist von Wasser umgeben und CO_2-neutral beheizbar. Das transparente Kuppelzelt mit einer Grundfläche von rund 740 Quadratmetern ist übrigens dem Dach des Reichstagsgebäudes nachempfunden und wird auch als »Bundestagsarena« bezeichnet. Günther Jauch moderierte von 2011 bis 2015 von hier aus seinen bekannten Polittalk im Ersten. Interessant ist aber auch das Gelände, auf dem sich der Gasometer befindet. Das 5,5 Hektar große Stadtquartier Euref versteht sich als Symbol der Energiewende in Deutschland. Zahlreiche internationale Unternehmen und Forschungseinrichtungen haben sich seit 2008 angesiedelt. Tolle Bilder vom Gasometer gibt es auch im Musikvideo des Liedes *Lila Wolken* (2012) von Marteria, Yasha & Miss Platnum. Die Berliner Musiker haben sich beim Dreh auch auf den Gasometer gewagt und den großartigen Ausblick genossen. Tipp: Machen Sie im Anschluss einen Abstecher ins Café im Wasserturm, was sich ebenfalls auf dem Gelände befindet und trinken Sie dort einen Kaffee.

Gasometer · Informationen zu Führungen: www.euref.de · Torgauer Str. 12–15 · 10829 Berlin
Haltestelle: S Schöneberg · Anfragen für Besteigung: gasometer1@gmail.com

Deutschlands erste Sardinen Bar

In Schöneberg gibt es seit Ende 2016 eine ganz besondere Anlaufstelle für Feinschmecker: ein Fischkonserven-Feinkost-Bistro, die Sardinen Bar. Hier kommen nur Dosen auf den Tisch und damit jede Menge mediterranes Flair in den Akazienkiez.

Mit der Sardinendose aus dem Supermarkt hat das Sortiment von Thomas Vetter wirklich nicht viel zu tun. Alle Dosen in seinem gemütlichen Bistro Sardinen Bar stammen aus familiengeführten Betrieben aus Frankreich oder Portugal und wurden liebevoll ausgewählt. Wie das Konzept funktioniert? Man wähle seine Wunschkonserve – von der edlen Jahrgangssardine über Sardine mit kandierter Zitrone und Chili bis zur Variante mit Trüffel –, dann kommt die Dose auf einem Brett mit frischem Baguette und Salat auf den Tisch. Damit auch nichts daneben geht, halten Magneten alles von unten fest.

Augen zu, das salzige Gefühl auf der Zunge spüren und mit etwas Fantasie das Meer rauschen hören.

Die Idee dazu ist vor rund fünf Jahren in Lissabon entstanden, als Inhaber Thomas Vetter mit seiner Familie ebenda Urlaub gemacht hat. Er erzählt: »Dort gibt es ein kleines Cafe, das Sol el Pesca, wo man sich auch Fischdosen aussucht und genießen kann, naja, und nach ein paar Dosen und ein paar Flaschen Wein hat es ›Klick‹ gemacht. Das heißt: Ich habe die Produkte aus dem Laden genommen und ein Konzept geschrieben und im November 2016 selbst in Berlin eröffnet.« Auch wenn die Sardine derzeit nicht nur wegen ihres hohen Nährwerts im Trend liegt, wurde sie schon von den alten Römern geschätzt. Seinen Namen hat der zur Familie der Heringe gehörende Fisch von der italienischen Mittelmeerinsel Sardinien. Und der erste verbriefte Klub der Jahrgangssardinen wurde 1935 von Vyvyan Holland, dem Sohn von Oscar Wilde, in London eröffnet. Und wenn man mit Fisch nun gar nichts anfangen kann? Dann erfreut man sich in der Sardinen Bar an dem schönen zweigeteilten Gastraum von Architekt Thomas Burlon und genießt zum leckeren Wein alternativ eine Wurst- und Käseplatte.

Sardinen Bar · Mo–Fr 16–23.30, Sa 12–23.30 Uhr · Grunewaldstr. 79 · 10823 Berlin
Tel. 030/58 84 41 70 · www.sardinen.bar · Haltestelle: U Kleistpark

Stuck an der Decke, schöne Holztische und große Fenster schaffen Ambiente.
Konserven deluxe: fast zu hübsch zum Aufreißen

Auf einem ehemaligen Militärgelände befindet sich das SA-Gefängnis Papestraße.
Die Haftkeller wurden 1990 wiederentdeckt und als Gedenkort eröffnet.

DEN OPFERN
DES FRÜHEN NAZITERRORS
1933
IN KELLERN DER KASERNE
GENERAL - PAPE - STRASSE

Ein Geschichtsquartier der besonderen Art

67

Am Südkreuz auf dem ehemaligen Militärgelände an der General-Pape-Straße ist ein Stück Geschichte erlebbar: Während der Schwerbelastungskörper, ein riesiger Betonkoloss, von dem Größenwahn der Nationalsozialisten zeugt, wird im noch recht jungen Gedenkort, dem SA-Gefängnis, an die hier Inhaftierten erinnert.

Der sogenannte Schwerbelastungskörper lässt sich gar nicht verfehlen: Er ragt 14 Meter in die Höhe, 18 in die Tiefe und hat einen Durchmesser von 21 Metern. Alles massiver Beton, 12 000 Tonnen schwer, ein Nazi-Koloss, der an die größenwahnsinnige Stadtplanung der Nationalsozialisten erinnert und das einzige noch greifbare Zeugnis dieser Art ist.

Erbaut wurde der Klotz im Jahr 1941 nahe dem von Hitler geplanten Triumphbogen. Er sollte die Tragfähigkeit des Baugrunds für diesen Monumentalbau prüfen, später sollte der Boden aufgeschüttet und die Straße über ihn geführt werden. Nach dem Zweiten Weltkrieg wollte man ihn erst sprengen, doch er lag zu dicht am Wohngebiet. Bis 1983 wurde er dann von der Deutschen Gesellschaft für Bodenmechanik für Messversuche genutzt, seitdem verwildert das Gelände.

Nicht nur von außen lässt sich das Bauwerk betrachten. Drinnen kann man sich der Beklemmung nicht entziehen, es ist dunkel, die Wände meterdick. Von einer Aussichtsplattform aus kann man sich das mahnende Relikt von oben ansehen. Die städtebaulichen Dimensionen der damaligen Planungen werden anhand von Panorama-Schautafeln deutlich.

Einmal quer über das Kasernengelände der preußischen Eisenbahntruppen, befindet sich das sehenswerte SA-Gefängnis Papestraße, wo zu Beginn der Diktatur Menschen gefangen gehalten, gefoltert und ermordet wurden. Die SA-Feldpolizei hatte hier von März bis Dezember 1933 ein provisorisches Gefängnis eingerichtet und über 2000 Menschen in den Kellern inhaftiert. Nur durch einen Zeitzeugen wurden die Haftkeller 1990 wieder entdeckt, und 2011 eröffnete man den Gedenkort.

Gedenkort Papestraße · Di–Do und So · Gruppenbesuche · Werner-Voß-Damm 54a 12101 Berlin · www.gedenkort-papestrasse.de · Haltestelle: S Südkreuz

68 Natur-Park Schöneberger Südgelände

In der vielfältigen Parklandschaft Berlins sticht eine Grünanlage als besonders ursprünglich und wild hervor: der Natur-Park Schöneberger Südgelände. In diesem kann der Besucher noch Überbleibsel aus der Dampflok-Ära entdecken.

Ein verwunschener Ort, fast wie im Märchen: Im 18 Hektar großen Natur-Park Schöneberger Südgelände bleibt für Besucher für ein kleines Weilchen die Zeit stehen.

Durch ziemlich dichtes Geäst – dadurch ist es hier auch besonders idyllisch, fast heimelig – kann man beispielsweise auf dem kleinen Rundweg etwa einen Kilometer lang auf den Spuren der Eisenbahnzeit wandern. Wege und Stege folgen alten Bahngleisen. Schließlich befindet man sich auf dem Terrain des früheren Rangierbahnhofs Tempelhof, das sich die Natur quasi wieder »zurückerobert«. Neben dem Wasserturm, der alten Drehscheibe, der Brückenmeisterei, in der sich das Café Paresüd befindet, oder einer Original-Dampflok, die mehr und mehr dem Verfall zum Opfer fällt, machen auch moderne Kunstwerke sowie zahlreiche Graffitis diesen Park zu etwas ganz Besonderem. Seit dem Frühjahr 1999 ist der Park als Landschafts- und Naturschutzgebiet unter Schutz gestellt. Hier muss man nur mit offenen Augen beobachten: 30 Brutvogelarten, 95 Wildbienen- sowie über 350 Pflanzenarten gibt es zu bestaunen.

> Im Sommer kann man draußen im wunderschönen Garten des Café Paresüd (Prellerweg 47–49, www.paresued.de) einen Kuchen essen!

Im Natur-Park sehr zu empfehlen: Gerade im Sommer finden zahlreiche Veranstaltungen wie beispielsweise für Kinder der Workshop »Kreatives Recycling« und Führungen wie etwa »Bahnbrechende Natur« oder »Natur am Zug« für ganz besondere Einblicke statt.

Wer sich in einer Grünanlage hingegen gerne austobt, also spielen, radeln oder skaten möchte, der sollte besser den auf der anderen Seite der S-Bahn gelegenen Hans-Baluschek-Park ansteuern.

Natur-Park Schöneberger Südgelände · tgl. 9 Uhr bis Einbruch der Dunkelheit · Eintritt: 1 €
Prellerweg 47 · 12157 Berlin · Haltestelle: S Priesterweg

Im Natur-Park Schöneberger Südgelände gibt's Relikte aus der Eisenbahnzeit.

Veist Kleidergeschichten passt perfekt in den gehypten Neuköllner Schillerkiez.
Gegen schnellen Konsum: Hier werden Klamotten aus sieben Jahrzehnten verkauft.

Veist
Kleidergeschichten

Wer Vintage-Mode mag, wird Veist Kleidergeschichten« lieben. Der kleine Laden in Neukölln ist nämlich mehr als ein Secondhand-Laden. Die Besitzerinnen Sandra Troegl und Anna Veit haben nur erlesene Stücke im Sortiment, die alle eine Geschichte erzählen und damit etwas Unverwechselbares schaffen.

»Ursprünglich stamme ich aus Milano – aber du glaubst es nicht, ich liebe den kalten Berliner Winter! Jetzt umso mehr, wo es klirrend kalt ist und sich meine Trägerin an meinem wärmenden Mohair erfreuen darf. Dank meines schmalen Schnittes zaubere ich eine tolle Figur und meine glamourösen Stickereien zieren jedes Weihnachtsfest«, das beispielsweise ist der nette Text zu einer aufwendig mit Pailletten besetzten Strickjacke aus dem Jahr 1975. Oder da ist da dieser rote Gürtel mit goldener Schnalle, der aus einer Versace-Boutique stammt und ein Geburtstagsgeschenk gewesen ist.

Kleidung verdient eine besondere Behandlung – nach diesem Grundsatz betreiben Sandra Troegl und Anna Veit ihren Laden Veist Kleidergeschichten seit November 2011 im mehr und mehr gehypten Neuköllner Schillerkiez. Damit wollen sie ein Zeichen gegen die Wegwerf-Mentalität setzen, die im Umgang mit Klamotten häufig vorherrscht. Sie verkaufen Stücke aus sieben Jahrzehnten und geben ihnen eine ganz individuelle Note, indem sie Anekdoten aus deren Vergangenheit aufschreiben, die manchmal wahr und manchmal zumindest möglich sind.

So kann jeder Oberteile, Kleider, Pullis, Schuhe, Taschen und Accessoires abgeben – natürlich nur gut erhaltene Stücke. Wenn sich innerhalb von vier Wochen eine Käuferin gefunden hat, wird der Erlös geteilt.

Neben den Secondhand-Stücken hängen in dem charmanten Geschäft auch Schmuck und Accessoires von Anna Veit selbst sowie von befreundeten Jungdesignerinnen. Gut zu wissen für den besonderen Anlass: Vom Wildseide-Herrenanzug über das festliche Boho-Maxikleid bis hin zum schnieken Windsor-Kostüm gibt es hier jede Menge Hingucker auch zum Verleih.

Veist Kleidergeschichten · Mi–Sa 14–19 Uhr · Selchower Str. 32 · 12049 Berlin
Tel. 030/95 60 62 51 · www.veistberlin.com · Haltestelle: U Boddinstraße

129

Entschleunigung im Comenius-Garten in Rixdorf

Mitten in Rixdorf, dem wohl dörflichsten Ortsteil von Neukölln, liegt eine zauberhafte grüne Oase, die an den großen Pädagogen des 17. Jahrhunderts erinnert: der Comenius-Garten.

Bis 1920 war Neukölln eine eigenständige Stadt und nannte sich Rixdorf. Der Bezirk hat eine bewegte Geschichte. Er ist aus den Dörfern Britz, Buckow, Rudow und eben Rixdorf entstanden. Die alten Dorfkerne haben einen ländlichen Charme und sorgen dafür, dass die Erinnerung an die Stadtgeschichte wach gehalten wird.

Wer den etwas versteckten Klingelknopf am Gartentor in der Richardstraße findet, erhält Eintritt in den zauberhaften Comenius-Garten und damit Einblick in das Wirken des Johann Amos Comenius. Dieser lebte von 1592

Noch eine städtische grüne Oase zum Verlieben: der Neuköllner Comenius-Garten

bis 1670 und war seiner Zeit in Sachen Philosophie und Pädagogik entscheidende Schritte voraus. So forderte er eine grundlegende Allgemeinbildung für alle und ging als Pionier des 17. Jahrhunderts in die Geschichte der Pädagogik ein. Heute kennt seinen Namen kaum noch jemand, nur diese Gartenoase gegenüber dem Böhmischen Dorf zeugt noch von seinem Wirken. Denn der Garten ist als Lebensweg angelegt, in dem in jedem Lebensalter Erkenntnisse erlangt werden – ganz nach Comenius' Überzeugung.

Den historischen Charme der nahe gelegenen Rixdorfer Schmiede genießen – Berlins älteste Schmiede.

Den Anfang des Lebens symbolisiert beispielsweise ein Walnussbaum, der Irrgarten gibt dem Schüler Rätsel auf, die Ziegelsteinmauer steht für den Beginn des Reifealters und der Tod kommt in Gestalt des Gottesackers, des Friedhofs. Wem das etwas zu abgehoben klingt, der kommt einfach hierher, um zu lesen, sich zu entspannen und um sich an der Natur zu erfreuen.

Comenius-Garten · Unregelmäßige Öffnungszeiten · Richardstr. 35 · 12043 Berlin
Tel. 030/686 61 06 · www.comenius-garten.de · Haltestelle: U Karl-Marx-Straße

71

Gutshof und Schloss Britz – Perle von Neukölln

Ein Besuch des weiträumigen Geländes rund um das denkmalgeschützte Schloss Britz lohnt sich allemal: Mit dem angrenzenden Gutshof punktet es mit einem prachtvollen Herrenhaus, einem vielseitigen Kulturzentrum, einem Museum und Schlossgarten, einer Musikschule, Weideflächen für Tiere sowie kulinarischen Genüssen.

Ganz in der Nähe der Britzer Hufeisensiedlung befindet sich das seit 1971 unter Denkmalschutz gestellte Schloss Britz. Das prächtige Herrenhaus des ehemaligen Britzer Ritterguts in Neukölln, das verdientermaßen häufig als die »Perle des Bezirks« bezeichnet wird, wurde bereits Anfang des 18. Jahrhunderts erbaut – und ist damit, neben den beiden Restgütern in Steglitz und Tegel, das einzige in seinem Umfeld und in seiner Bausubstanz vollständig erhaltene Rittergut in Berlin.

In den Sommermonaten einem der beliebten Konzerte auf der Freilichtbühne des schönen Gutshofs lauschen.

Sein heutiges Antlitz hat ihm der Besitzer von 1880 verabreicht, der die Fassade im Neorenaissance-Stil erneuern ließ und einen Turm hinzufügte. Auch der heutige Charakter des Schlossparks, in dem der älteste Ginkgobaum Berlins steht, geht auf diese Epoche zurück. Hier lässt es sich unter sehr alten Bäumen schön spazieren gehen. Im Schloss können in einer Dauerausstellung der damaligen Wohnkultur die historischen Räume besucht werden. Zudem finden immer wieder Sonderausstellungen in enger Zusammenarbeit mit internationalen Museen statt, wie beispielsweise eine Sammlung der Mapuche Silberschmiedekunst aus Chile. Im Gutshof mit den Wirtschaftsgebäuden aus dem 19. Jahrhundert hat sich seit 2007 einiges getan: Aus dem ehemaligen Kuhstall wurde der Kulturstall, in dem zahlreiche Konzerte und andere Veranstaltungen stattfinden, und im historischen Ochsen- und Pferdestall ist das Museum Neukölln zu finden, während das Schweizer Haus heute das Restaurant Buchholz Gutshof Britz beherbergt.

Schloss Britz · Di–So 11–18 Uhr · Park und Gutshof Führungen nach Anmeldung
Führungen So 12 Uhr und nach Vereinbarung (3 €, erm. 2 €) · Alt-Britz 73 · 12359 Berlin
Tel. 030/60 97 92 30 · www.schlossbritz.de · Haltestelle: U Parchimer Allee

Schmuckstück im Bezirk: Das ehemalige Herrenhaus ist ein geschütztes Kulturgut.
Im Gutspark zu bestaunen: eine Kopie der berühmten »Milchmädchen«-Bronzefigur

Das Taute Heim verfügt über Terrasse und Garten – sogar mit Hängematte.
Das blaue Zimmer mit 160 x 220 cm großem Bett und Blick in die Baumwipfel

Tautes Heim

Ein Übernachtungstipp vor allem für architektonisch interessierte Gäste: das denkmalgerechte Ferienhaus Tautes Heim in der Britzer Hufeisensiedlung, die von Bruno Taut zwischen 1925 und 1930 entworfen wurde und seit 2008 zum UNESCO-Welterbe gehört.

Das authentische Berlin kennenzulernen, ist heutzutage nicht immer einfach. Wer seine Gäste allerdings im Ferienhaus Tautes Heim in Neukölln einquartiert, der leistet hierfür einen wertvollen Beitrag.

Denn das Reihen-Endhaus, 65 Quadratmeter, drei Zimmer, Küche und Bad, mit Garten und Terrasse, wurde von Grafikdesigner Ben Buschfeld und der auf denkmalgeschützte Anlagen spezialisierten Landschaftsarchitektin Katrin Lesser mit Liebe zum Detail komplett im Stil der 1930er-Jahre möbliert und original wiederhergestellt – mit charmantem Inventar und in den für Taut so typischen kräftigen Farben.

Aber keine Sorge: Hier wird nicht wie im Museum gewohnt! Die Küche ist mit einem gebrauchstauglichen historischen Ofen sowie Kühlschrank, Mikrowelle und Spülmaschine ausgestattet. Heizung und Wascräume sind

> Unter den alten Kirschbäumen in der Britzer Hufeisensiedlung stehen und Historie einatmen.

ebenfalls auf neuestem Stand, aber ohne die Historie dabei außer Acht zu lassen. Die drei Kachelöfen sorgen für heimelige Stimmung. Für architekturinteressierte Besucher steht zudem eine kleine Handbibliothek bereit.

Das Taute Heim ist übrigens ein Projekt von Liebhabern für Liebhaber: Die Bauherren wohnen seit fast 20 Jahren in der Hufeisensiedlung, nur knapp 100 Meter Luftlinie entfernt. Durch Zufall entdeckten sie das zum Verkauf stehende Haus und waren begeistert davon, wie viel Originalsubstanz hier noch vorhanden war. Das Ferienhaus erhielt übrigens als einer der Sieger des europäischen Preises für Denkmalpflege den Europa Nostra Award 2013. Zu mieten ist es ab drei Tagen für bis zu vier Personen ab 150 Euro/Nacht.

Tautes Heim · Hufeisensiedlung · 12359 Berlin · Tel. 030/60 10 71 93
www.tautes-heim.de · Haltestelle: U Parchimer Allee

73 Massantebrücke in Rudow

Die Massantebrücke, die auf der Stubenrauchstraße liegt und Rudow über den Teltowkanal mit Johannisthal verbindet, wurde 2003 als Stabbogenbrücke aus Stahl gebaut. Heute erinnert nichts mehr an die geschichtliche Bedeutung des Ortes. Zu erreichen ist sie via Fahrrad über den Berliner Mauerweg entlang des Teltowkanals. Auf der Rudower Höhe gibt es noch alte Mauerstücke, die seit 2001 unter Denkmalschutz stehen. Bevor 1989 am Rudower Westhafen der Grenzübergang für Fußgänger eröffnet wurde, fand aufgrund der Mauer 28 Jahre lang kein Austausch mehr zwischen Neukölln und Treptow statt. Die Brücke zählt zu den Orten, an denen sich die getrennten Berliner zum ersten Mal wieder trafen. Benannt ist die Brücke nach Friedrich Karl Massante (1844–1916).

Die Massantebrücke ist heute eine elegante Stabbogenbrücke.

1989 konnten hier erstmals wieder Menschen von Neukölln nach Treptow gelangen.

Für Familien: Themenpark Robin-Hood-Spielplatz

Für einen entspannten Sonntagnachmittag für Eltern und Kind sorgt der Spielplatz im Nordpark mit seinen vielen Spielmöglichkeiten. Ein Besuch im legendären Sherwood Forest wird ganz schnell Wirklichkeit.

Wenn Kinder die Burg schon von Weitem sehen, laufen sie gleich noch einen Schritt schneller: Denn die über 13 000 Quadratmeter große Anlage des Themenparks Robin Hood in der Gartenstadt Rudow-Süd hat alles, was das Kinderherz begehrt.

Im Jahr 2000 ist der attraktive Erlebnisspielplatz im ebenfalls neu angelegten Nordpark entstanden. Neben der Burg bieten ein Dorf und der Sherwood Forest genügend Raum für ausgedehnte Ritterspiele. Inmitten von

Ein Traum für kleine Abenteurer: der kreative Robin-Hood-Spielplatz

hohen Bäumen, Büschen und Hecken wollen zahlreiche Stege, Brücken und Türme erobert werden. Über eine Röhrenrutsche geht's ab in den Sand. Im Sommer ist die abwechslungsreiche Pump- und Wasserlandschaft inklusive Piratenschiff der Hit zum Planschen, Matschen und Erfrischen.

Für die Kleinsten gibt es zudem einen separaten Spielbereich mit Figuren aus dem Grimm-Märchen *Hänsel und Gretel*, Schaukeln, einer Rutsche und einem Karussell. Für größere Kinder und Jugendliche sind der BMX-Parcours auf dem Spielhügel sowie ein Sport- und Bolzplatz für Streetball, Volleyball und Tischtennis im Nordpark interessant. Bei Schnee kann der Spielhügel übrigens mit dem Schlitten erklommen werden.

Dieser besondere Spielort in Berlin ist besonders geeignet für Kinder von zwei bis zwölf Jahren. Aber auch für die Eltern ist dieser Ort entspannend: Sie können sich auf zahlreichen Bänken oder Wiesen ausruhen, während sich die Kinder austoben.

Es ist wünschenswert, dass es solch ausgefallene und fantasiereiche Spielplätze in einer Großstadt wie Berlin in allen Bezirken gibt.

Robin-Hood-Spielplatz · Elfriede-Kuhr-Str. 7 · 12355 Berlin · Haltestelle: Bus 260 Narkauer Weg

Auf den Mond schießen geht mit dem Fernrohr leider nicht, aber Sterne gucken.

Das längste
Linsenfernrohr der Welt

Aus der Berliner Museenlandschaft nicht mehr wegzudenken: die Archenhold-Sternwarte in Treptow. Aber nicht nur eine Führung durch das bereits 1896 gegründete Haus ist zu empfehlen, für Nachtschwärmer gibt es etwas ganz Besonderes!

Wer schaut in einer klaren Nacht nicht gern in den Himmel, um sich die hell leuchtenden Sterne anzusehen? Eben. Der Sache näher auf den Grund gehen, das können Besucher der Archenhold-Sternwarte, die inmitten des Treptower Parks gegenüber der Ausflugsgaststätte Zenner liegt. Ihr schon von außen sichtbares Wahrzeichen ist ein riesiges Fernrohr, das mit 21 Metern längste Linsenfernrohr der Welt.

Gegründet wurde die Warte als Volkssternwarte, später wurde sie bereits 1896 vom Astronomen Friedrich Simon Archenhold als Treptow-Sternwarte bezeichnet.

Zu sehen gibt es mehr als genug: den historischen Einstein-Saal, das Zeiss-Kleinplanetarium, das auf seiner Kuppel neben dem kompletten Sternhimmel auch die Bewegung der Planeten unter den Sternen darstellt, oder etwa den mächtigen Eisen-Meteoriten.

Auch für Kinder steht jede Menge auf dem Programm: zum Beispiel unterhaltsame Mondkunde oder ein Besuch im Sternenhaus.

Ein ganz besonderes Erlebnis für die größeren Besucher ist die Nacht auf der Sternwarte, die nicht nur Romantiker begeistert. Von April bis August wird dazu einmal im Monat um 22 oder 23 Uhr der Himmel über Berlin am 500-Millimeter-Spiegelteleskop beobachtet. Bei jeder Veranstaltung ist ein anderes astronomisches Objekt Thema des Abends, je nach Interesse und Wetterbedingungen werden auch weitere Objekte beobachtet. Allerdings braucht es auch ein klein wenig Glück mit dem Wetter! Sollten Wolken keine Beobachtung zulassen, hört man alternativ einen Vortrag zum Thema des Abends und guckt sich den aktuellen Sternhimmel im Zeiss-Kleinplanetarium an.

Archenhold-Sternwarte · Mi, Do, Sa, So 14–16.30, Fr 15–21 Uhr · Alt-Treptow 1 · 12435 Berlin
Tel. 030/53 60 63 70 · www.planetarium.berlin · Haltestelle: Bus 165/265 Rathaus Treptow

Abenteuerspielplatz WASLALA

Dieser Ort liegt nicht unbedingt so günstig wie der Spielplatz im Kiez, dafür werden die Kinder einen Ausflug zum WASLALA in Altglienicke garantiert lieben – denn auf dem pädagogisch betreuten Spielplatz wird Abenteuer groß geschrieben.

Ähnlich wie ein Ausflug aufs Land ist auch ein Besuch des WASLALA für Großstadtkinder: Hier können sie sich schmutzig machen, Gemüse pflanzen, klettern, Schafe füttern, Kaninchen streicheln und toben ohne Ende.

Kinder zwischen sechs und 14 Jahren sind eingeladen, hier ihrer Fantasie und Kreativität freien Lauf zu lassen. Kleinkinder müssen von ihren Eltern begleitet werden, während die älteren ehrenamtliche Aufgaben übernehmen dürfen. Gerade für die Tierfreunde unter den Kids befindet sich auf dem Spielplatz WASLALA das Paradies schlechthin: Hasen und Kaninchen wollen gestreichelt werden, Katzen, Hunde und sogar Ponys verlangen Aufmerksamkeit und Zuwendung, und beim Anblick der Schweine, Schafe und Ziegen bleibt dem ein oder anderen Abenteurer gelegentlich vor Staunen der Mund offen stehen. Für Kleine mit besonderen Interessen gibt's sogar eine Insekten-Nistwand.

Für kleine Handwerker gibt es die Baufläche, wo genagelt und gehämmert werden darf, was das Zeug hält. Die Kinder bauen hier ihre eigenen Hütten und erlernen so spielerisch den Umgang mit Werkzeug. Zusätzlich veranstaltet das Team aus Pädagogen und ehrenamtlichen Helfern immer wieder Themennachmittage, an denen zum Beispiel gekocht, gebastelt oder mit Lehm modelliert wird. Benannt wurde der Spielplatz und Bauernhof übrigens nach dem Buch von Giaconda Belli, in dem Waslala den Hoffnungsschimmer in einer erschütterten Welt darstellt.

WASLALA freut sich stets über ehrenamtliche Mithilfe sowie Spenden, denn nur die pädagogische Arbeit wird durch öffentliche Mittel des Bezirksamtes gefördert. Auch eine Tierpatenschaft kann übernommen werden. Der Eintritt zum Abenteuerspielplatz ist kostenlos.

Abenteuerspielplatz WASLALA · Venusstraße / Ecke Birnenweg · 12524 Berlin Altglienicke
Tel. 030/67 90 93 56 · www.aspwaslala.de · Haltestelle: Bus 164 Venusstraße

Auf dem WASLALA kann man Tiere gucken, Hütte bauen, Bouldern und vieles mehr.
Wo bitte geht's zur Kletterwand? Oder heute doch lieber zum Gemüsebeet?

77

Mit dem Nautilus Hausbootcharter losschippern

Schwimmende Architektenträume liegen in Köpenick direkt an der Dahme und am Müggelsee vor Anker. Der Nautilus Hausbootcharter bietet damit einen unvergesslichen Urlaub für Freizeitkapitäne und Designliebhaber.

Morgens statt in die Dusche zu springen erst mal im See abtauchen, tagsüber Berlins und Brandenburgs vielfältige Seenlandschaft entdecken und abends den Sonnenuntergang im Liegestuhl von der Terrasse des eigenen Hausboots aus bei einem Glas Wein genießen, das klingt traumhaft, kann aber schnell Realität werden.

Im Juni 2011 hat Firmengründer und Architekt Andreas Hoffmann den ersten Prototyp seiner Nautilus Hausboote zur See gelassen. Seitdem baut er Boote nach individuellen Wünschen, vermietet die schönen Gefährte aber

Der Traum vieler: Kapitän eines Hausboots sein und einfach losschippern!

auch für einen Urlaub der ganz besonderen Art. So kann man sich beispiels-weise den »Nautino mini«, der mit organischen Formen, viel Holz und Glas punktet und Platz für vier Personen bietet, ab 291 Euro fürs Wochenende (im Winter) mieten. Das Modell ist 8,90 Meter lang, 3,60 Meter breit und bietet für seine Größe großartigen Komfort mit einer überdachten Terrasse auf dem Vordeck und einer weiteren großen auf dem Dach, einer Küche mit Kühlschrank und Kochfeld sowie raumhohen Ganzglasschiebetüren. Der »Nautino maxi« hat ein zusätzliches Schlafzimmer und bietet somit Platz für bis zu sechs Personen. Sogar als Ferienwohnung zum Übernachten kann das Hausboot gemietet werden (ab 100 Euro/Nacht), allerdings gibt es einen Min-destaufenthalt von drei Nächten.

Der Name »Nautilus« kommt übrigens nicht von ungefähr – schließlich trug auch jenes legendäre U-Boot des Käpt'n Nemo aus der Feder von Jules Verne diesen Namen.

Hier kann übrigens jeder zum Seemann werden: Es ist kein Bootsführer-schein nötig. Also einfach in See stechen, ans Wunschplätzchen schippern und den Anker werfen.

Nautilus Hausbootcharter · Grünauer Str. 57 · 12557 Berlin · Tel. 030/24 35 55 87
www.nautilus-hausbootcharter.de · Haltestelle: Tram/Bus Glienicker Straße

Ein Krokodil nach unserem Geschmack: mal plantschen gehen im privaten Strandbad oder im zugehörigen Restaurant saisonale Küche mit Aussicht auf die Dahme genießen.

Flussbadeanstalt in Köpenick

78

Noch ein Tipp für Sommerausflüge für die ganze Familie: die älteste Flussbadeanstalt Berlins in der Gartenstraße in Köpenick. Direkt an der Dahme gelegen bietet dieses Areal Strand, Gastronomie, Sport und sogar Übernachtungsmöglichkeiten in einem.

Ein kinderfreundlicher Strand direkt am Fluss, die Eltern können auf der Terrasse schön Kaffee trinken oder etwas Leckeres essen, und wenn das nicht genügt, macht man mit den Kleinen eben noch eine Tour mit einem Kajak oder einem Floß, die zum Ausleihen bereitstehen. Im Flussbad Gartenstraße mit seinem Restaurant Krokodil, das durch sein maritimes und gemütliches Ambiente punktet, wird es so schnell jedenfalls nicht langweilig.

Dieser Ort am Rande des historischen Fischerkietzes hat aber neben seinen landschaftlichen Qualitäten auch eine interessante Geschichte zu erzählen: Schon 1897 wurde hier eine gewerbliche Flussbadeanstalt eröffnet, die 1991 wegen Baufälligkeit wieder geschlossen und abgerissen werden sollte. Doch der gemeinnützige Verein Der Coepenicker e.V. wollte das Gelände unbedingt erhalten, schloss 1992 einen Pachtvertrag mit dem Bezirksamt Köpenick und begann mit der Sanierung. Schon 1993 konnte der Badebetrieb als Jugendzentrum Krokodil mit einer Fahrradwerkstatt und viel Raum zum Spielen wieder aufgenommen werden.

Aus einer ehemaligen Bootswerft und den Baracken des alten Bades ist zudem das Seminar- und Gästehaus Flussbad Gartenstraße entstanden, in dem ab 69 Euro pro Nacht im Doppelzimmer, inkl. Frühstück, übernachtet werden kann. Auch Vierbettzimmer gibt es, ab 129 Euro pro Nacht. Im Jahr 2002 dehnte der Verein seinen Wirkungsraum noch weiter aus und errichtete zusätzlich ein Ausbildungs- und Medienzentrum in einer ehemaligen Wäscherei von 1900, die nördlich an das Areal angrenzte.

Empfehlenswert: Sonntags findet im Restaurant Krokodil von 11 bis 15 Uhr der beliebte Brunch statt. Von der Karte empfehlenswert sind saisonale Highlights wie Gerichte mit Spargel, Bärlauch oder Erdbeeren.

Krokodil / Flussbad · Im Sommer tgl. 16–24, im Winter 17–24 Uhr · So und feiertags Brunch ab 11 Uhr · Gartenstr. 46–48 · 12557 Berlin · Tel. 030/65 88 00 94 www.der-coepenicker.de · Haltestelle: S Spindlersfeld

79

Wandern im Erpetal

Für Wanderfreunde zählt das Erpetal in Köpenick mit seiner weiten Wiesenlandschaft zu den grünen Oasen in Berlin. Es ist außerdem eines der wenigen erhaltenen Fließtäler in der Stadt und bietet sich für eine ruhige Entdeckungsreise zwischen Friedrichshagen und Hoppegarten an.

Auf rund zehn Kilometern Strecke kann man den Großstadtstress ganz schnell hinter sich lassen: Beim Durchstreifen der Landschaft mit ihren wilden Wiesen hat man schnell das Gefühl, mitten auf dem Land zu sein. Seit 1949 ist das gesamte Erpetal Naturschutzgebiet, seit 1957 Landschaftsschutzgebiet. Entlang des Wanderwegs schlängelt sich das Neuenhagener Mühlenfließ, ein rechter Nebenarm der Spree, der gerne auch als Erpe bezeichnet wird. Das Flüsschen ist ein Überbleibsel der letzten Eiszeit, sein ursprünglicher Lauf wurde zu einer natürlichen Kulturlandschaft umgewandelt. Früher waren im Bachtal auch viele Wassermühlen in Betrieb. Der Spazierweg, auf dem man nur vereinzelt Touristen begegnet, führt zuerst durch einen schönen Laubwald und vorbei an der Heidemühle. Es geht über einige kleine Brücken, durch den alten Dahlwitzer Forst (hier kann man gut rasten und sich am Anblick des alten Baumbestands erfreuen), über die saftigen Wiesen des Elsengrunds immer entlang der Erpe in Richtung Nordosten. Auf jeden Fall sollte man bei seiner Wanderung die Natur aufmerksam beobachten: Über 350 Arten wildwachsender Farn- und Blütenpflanzen sowie seltene Vogelarten gehören zum Repertoire des Erpetals. Hier und da schnattern ein Paar Enten. Und für Ausritte ist die Landschaft natürlich geradezu prädestiniert. Übrigens: Hier verläuft auch der Europäische Fernwanderweg E 11. Auch wenn Ihnen nicht nach einer großen Wanderung ist, die wilde Landschaftsszenerie im Erpetal ist ein toller Sehnsuchtsort für den Sonntagsspaziergang mit der ganzen Familie.

> An Renntagen empfiehlt es sich, bei der populären Galopprennbahn Hoppegarten anzuhalten – noch einen Hut auf den Kopf, und das royale Ascot-Gefühl kommt von ganz allein …

Erpetal · 12587 Berlin · Haltestelle: S Friedrichshagen

Natur pur gibt's im Erpetal für alle Wanderfreunde, Ausflügler und Stadtflüchtige.
Einfach mal dem zarten Rauschen des Mühlenfließes horchen und ganz ruhig werden …

Gleich nebenan hat Bryan Adams eine Halle gekauft. Vielleicht kommt er ja mal vorbei?
Im Café Schoeneweile gibt's leckere Croissants, Cookies, Kuchen und Co.

Schmuckstück
Schöneweide

An diesem Ort kommt man nicht zufällig vorbei, hierher muss man gezielt fahren: Dabei ist gerade das ehemalige Fabrikareal in Schöneweide direkt am Wasser groß im Kommen. Neuester bekannter Nachbar ist schließlich Bryan Adams. Relaxen im Café Schoeneweile oder vielleicht doch lieber eine interessante Führung?

Wer von der doch eher unschönen Wilhelminenhofstraße (vier Minuten mit der Tram vom S-Bahnhof entfernt) in die kleine Reinbeckstraße Richtung Wasser abbiegt, sieht es schon: das Café Schoeneweile, das in einem kleinen Pförtnerhäuschen untergebracht ist. Ein süßes Detail ist das alte rosafarbene Waschbecken an der Mauer, das mit Blumen bepflanzt wurde. Drinnen sorgt eine 1950er-Jahre-Tapete für Atmosphäre rund um den offenen Tresen. Viele Stühle gibt es nicht, aber eine gemütliche Sitzecke – und bei schönem Wetter ist es draußen auf den Liegestühlen sowieso viel lauschiger. Sogar ein Sandkasten steht zur Verfügung. Zum Angebot des schnuckeligen Cafés gehören Kaffee, weitere Heißgetränke, Croissants, Cookies, Kuchen, belegte Brötchen – und leckere Bagels. Alles wird auf Vintage-Geschirr serviert, wie aus Omas Küchenbuffet.

Direkter Nachbar auf dem Gelände des ehemaligen Transformatorenwerks Schöneweide ist der Industriesalon. Dieser bietet verschiedene Führungen an, wie etwa die »Elektropolis-Tour« oder die »AEG-Stadt-Tour«. Der Schwerpunkt liegt dabei auf Emil Rathenau, AEG, Varta und Co. Bei der »AEG-Stadt-Tour« sind die imposanten Industriefassaden der Wilhelminenhofstraße, die historische AEG-Kantine oder der moderne Hochschul-Campus im ehemaligen Kabelwerk zu sehen. Ab 1897 baute die AEG in Schöneweide ihren weltweit größten Standort der Elektroindustrie auf – bis heute gilt das Industriegebiet als »Denkmallandschaft von bundesweiter Bedeutung«. Der Rundgang endet mit einem tollen Rundumblick auf Berlin und Umgebung vom Peter-Behrens-Turm aus.

Café Schoeneweile · Mo–Fr 9–18, Sa, So 13–18 Uhr · Reinbeckstr. 9 · 12459 Berlin
Tel. 0179/112 71 10 · www.cafe-schoeneweile.de · **Industriesalon**
Termine der Führung auf Anfrage · Reinbeckstr. 9 · 12459 Berlin · Tel. 030/53 00 70 42
www.industriesalon.de · Haltstelle: Tram 27/63/67 Firlstraße

Sauna aufm Floß

Hier gibt's Hygge, also skandinavisches Wohlgefühl pur! Finnfloat ist Berlins erstes Saunafloß und bringt damit einen neuen Lifestyle-Trend aus dem Norden in die Hauptstadt.

In Städten wie Stockholm oder Helsinki schwimmen mobile Saunen schon lange. Denn wenn jemand weiß, wie Saunieren geht, dann ja wohl die Skandinavier. Der schöne nordische Trend, einen Schwitzkasten nicht nur an ganz normaler Stelle zu haben, hat nun auch die Hauptstadt erfasst: Das erste finnische Saunafloß schwimmt auf dem Müggelsee. Es nennt sich Finnfloat und verbindet herrlich Spa und Wellness mit dem Naturpanorama von Berlins größtem Badesee.

Unter dem Motto »Cleaning your body and clearing your mind« heißt es »Leinen los« und schwitzen! Gründerin Rebecca Lang ist dabei die perfekte Gastgeberin als Saunameisterin, angehende Entspannungstherapeutin und Finnlandkennerin. Ihre schwimmende Sauna wird mit einem Holzofen beheizt und schafft 100 Grad. Wem das zu warm ist oder wer mit Kindern vorbeischaut, der kann die Temperatur aber auch individuell einstellen und runter auf 60 Grad gehen. Insgesamt 40 Quadratmeter groß ist die schwimmende Wellnessoase, Ruheraum, Dachterrasse und Sonnendeck inklusive. Das passt für vier bis sechs Personen locker, die so ganz wunderbar ungestört chillen können und dem Alltag entkommen.

Noch nicht romantisch genug? Man kann auch zu zweit auf dem Finnfloat übernachten und den Sternenhimmel vom Sonnendach des Floßes genießen. Dafür liegen ein Sternenteleskop und kuschelige Fleecedecken bereit, und am Morgen danach gibt's ein skandinavisches Frühstück. Mehr für den Alltag gedacht: die Sauna-Yoga-Stunden, Workshops gegen stressbedingte Krankheiten oder Entspannungs- und Aromaöltherapien. Auch ziemlich einmalig ist die ArcticTorfsauna, bei der man von Kopf bis Fuß mit heilsamem Saunatorf einbalsamiert schwitzen geht. Danach wird der Torf abgewaschen und es gibt arktischen Detox-Kräutertee. Reinigung pur!

Finnfloat Anleger Base · Wassersportzentrum · Müggelseedamm 70 · 12587 Berlin
Tel. 0176/62 18 09 98 · www.finnfloat.de · Haltestelle: Tram Wassersportzentrum

Leinen los, Bademantel und Saunahut auf – und los geht's mit dem Finnfloat.
Aufguss gefällig? Dann gibt's etwa den original finnischen Löyly-Vihta-Aufguss.

Markantes Merkmal des Schlosses Biesdorf: sein Turm auf achteckigem Grundriss

Ein Ausflug zum Schloss Biesdorf

82

Sicher eines der schönsten Ausflugsziele im Bezirk Marzahn-Hellersdorf ist das Schloss Biesdorf samt seiner wunderschönen idyllischen Parkanlage, in der sich allerlei sehenswerte Relikte aus ihrer Entstehungszeit bestaunen lassen.

Für einen ausgedehnten Nachmittagsspaziergang im Grünen, bei dem es neben dem ältesten und größten zusammenhängenden Baumbestand in ganz Marzahn noch weitaus mehr zu bestaunen und zu entdecken gibt, empfiehlt sich ein Ausflug in den idyllischen Schlosspark Biesdorf.

Ein lauschiger Fontänenteich mit angeschlossener Liegewiese, ein Eiskeller mit Freitreppe, ein Teepavillon und ein Rasen-Tennisplatz, der heute als Lesegarten genutzt wird, lassen die Historie, die diesem Ort anhaftet, aufleben. Denn all das sind noch sehenswerte Relikte aus der Zeit, in der der Park entstanden ist. Dies war etwa um 1900. Der Park dehnt sich dabei auf einer Fläche von ganzen 141 060 Quadratmetern aus, und mittendrin steht die herrschaftliche Turmvilla, das Schloss Biesdorf. Dieses entstand zwischen den Jahren 1867 und 1868 nach italienischen Vorbildern mit Giebelfronten, Loggien und Pergolen. 1945 wurde das Obergeschoss dann durch einen Brand zerstört

> Im Anschluss kann man zur Oberfeldstraße laufen, nördlich von der S-Bahn-Station Biesdorf gelegen, und dort im Restaurant Herkules griechisch essen gehen.

und später stattdessen durch ein Flachdach ersetzt. Im Frühjahr findet im Schlosspark auch das jährliche Biesdorfer Blütenfest statt. Das Schloss und der Landschaftspark stehen inzwischen als Denkmalensemble und Monument des Spätklassizismus unter Schutz und werden zudem als sozial-kulturelles Zentrum genutzt. Nach umfangreichen Renovierungsarbeiten erstrahlt das Schloss Biesdorf seit 2016 wieder in altem Glanz, samt historischem Obergeschoss. Anfang 2018 hat die landeseigene Grün Berlin GmbH die Betreiberschaft zurück an den Bezirk Marzahn-Hellersdorf gegeben. Nun stehen Kunstprojekte mit dem Fokus auf den städtischen Raum im Vordergrund.

Schloss Biesdorf · Park tgl. 6.30–23 Uhr · Alt-Biesdorf 55 · 12683 Berlin
Haltestelle: S Biesdorf/U Elsterwerdaer Platz

83

Klettern im BergWerk Hellersdorf

Für Europas größten Indoor-Hochseilgarten BergWerk Berlin wurde das CineStar-Kino in Hellersdorf einfach halbiert: Seit September 2012 kann auf 14 Parcours geklettert werden, während in der anderen Hälfte weiterhin Filme laufen.

Wo einst vor der großen Leinwand in kuscheligen Kinosesseln mit den Filmhelden mitgefiebert wurde, darf heute ehrgeizig geklettert werden: In einem Teil der Räume des CineStar-Kinos in der »Hellen Mitte« ist Europas größter Indoor-Hochseilgarten untergebracht.

Das CineStar wurde 1997 als erstes neu gebautes Multiplex in Berlin mit 2700 Sitzplätzen eröffnet. Doch der erhoffte Besucheransturm blieb aus. Heute funktionieren Kino und Abenteuerpark in Hellersdorf einträchtig nebeneinander inklusive cineastisch inspirierter Kletter-Themenwelten. 660 Meter Streckenlänge, 14 Parcours und Höhen bis zu gut 20 Meter erfreuen Kletterfans gerade im Herbst und Winter, wenn sich das Kraxeln unter freiem Himmel

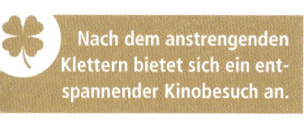

Nach dem anstrengenden Klettern bietet sich ein entspannender Kinobesuch an.

als eher unangenehm gestaltet. Doch auch für Besucher ohne Klettererfahrung und ab drei Jahren lohnt sich ein Ausflug ins BergWerk, da es verschiedene Schwierigkeitsstufen für alle Altersklassen gibt. Es darf »unter Tage« oder in geführten Touren geklettert werden, gesichert durch ein weltweit einmaliges Sicherheitssystem, bei dem immer einer der beiden Karabinerhaken in den Sicherheitsseilen verankert ist und nicht gelöst werden kann. Ein Ausflug ins BergWerk ist übrigens auch etwas für die ganze Familie. Für Kinder wurden nämlich zwei spezielle Parcours konzipiert.

Die Sicherheitsausrüstung wird vor Ort gestellt, nur trittfestes Schuhwerk und bequeme Kleidung sollten Besucher selbst mitbringen. Eine Reservierung wird gerade am Wochenende dringend empfohlen! Im Anschluss kann man noch dem Bistro Lange Schicht im BergWerk einen Besuch abstatten, um sich von dem abenteuerlichen Klettererlebnis auszuruhen.

BergWerk Berlin · Okt.–Apr Di, Mi 10–18, Do, Fr 14–21, Sa 10–21, So 10–20 Uhr, Mai–Sept. Mi 10–18, Do, Fr 14–20, Sa 10–20, So 10–19 Uhr · Stendaler Str. 25/Eingang CineStar · 12627 Berlin Tel. 030/99 27 43 73 · www.bergwerk.berlin · Haltestelle: U Hellersdorf

Abenteuer für Groß und Klein gibt's im Kletterparadies BergWerk in Hellersdorf.
Hauptsache gut gesichert: Ohne Helm und entsprechende Klettergurte läuft hier nichts.

Der »Wolkenhain« beeindruckt mit seiner imposanten Fassade.

»Wolke Sieben« ist hier Programm: die tolle Aussicht mit einem Kaffee genießen

Auf den Spuren der IGA
in den Gärten der Welt

Dass die Gärten der Welt in Marzahn mit ihrem einmaligen Konzept zu den sehenswertesten Grünanlagen Berlins gehören, ist bekannt. Warum sich ein Besuch jetzt, nach Ende der Internationalen Gartenausstellung 2017 (IGA), besonders lohnt, ist um dem Christlichen Garten besondere Beachtung zu schenken.

Zum Schlemmen zieht es normalerweise keinen nach Marzahn. Aber seit sich der IGA-Rummel in den Gärten der Welt gelegt hat, soll heißen, das große Gartenfestival Mitte Oktober 2017 wieder zu Ende ging, bietet der sowieso schon großartige Park noch einige Highlights mehr. Schließlich wurde das Gelände speziell für diesen Zweck auf mehr als das Doppelte erweitert. In kulinarischer Hinsicht wäre einmal der italienische Sonntags-Brunch im Giardino Verde zu nennen (16,90 Euro von 10–17 Uhr), mit malerischem Blick auf die Seilbahn – und natürlich die umliegende Natur.

Die Gondeln, die den 102 Meter hohen Kienberg hochfahren, machen am höchsten Punkt Halt. Dort kann man sich den »Wolkenhain«, ein spektakuläres Aussichtsbauwerk, anschauen. Drinnen befindet sich nun das Restaurant Wolke Sieben im Wolkenhain. Von hier

Aus der Seilbahn aussteigen und staunend vor dem »Wolkenhain« stehen, gerade wenn er in der Dämmerung bunt leuchtet …

aus ist der Blick auf die vielen Plattenbauten ringsum definitiv der beste. Neben den zehn traditionellen Themengärten und den Wasserspielen im Sommer in den Gärten der Welt, ist das »Cottage« im Englischen Rosengarten, geöffnet nur Samstag und Sonntag von 10 bis 16 Uhr, besonders schön. Denn in dem kleinen Landhaus kommt britische Stimmung auf. Zur Tea Time werden stilecht Scones mit Clotted Cream und Marmelade sowie Gurken-Sandwiches gereicht. Dazu gibt's Tee oder einen stilechten Whisky. Apropos Tee: Im traditionellen Teehaus im Chinesischen Garten kann man jede Menge über Teekunst erfahren und sich bei seiner Zeremonie mal eben nach Fernost beamen.

Gärten der Welt · Nov.–Feb. tgl. 9–16, März, Okt. bis 18, April–Sept. bis 20 Uhr
Eisenacher Str. 99 · 12685 Berlin · Tel. 030/700 90 66 99 · www.gruen-berlin.de
Haltestelle: Bus 195 Gärten der Welt

Spaziergang am Flüsschen Wuhle

Für Wanderfreunde mit Ausdauer: Am S-Bahnhof Ahrensfelde startet der Wuhletal-Spazierweg. Es geht direkt am Wasser entlang vorbei an den Ahrensfelder Felsen, dem Kienberg, der Biesdorfer Höhe und dem Wuhlesee bis nach Köpenick.

Das kleine Flüsschen Wuhle fließt mitten durch den Berliner Bezirk Marzahn-Hellersdorf und wurde in den letzten Jahren umfassend renaturiert. Auf beiden Seiten der Wuhle wurde ein schöner Wanderweg angelegt, der von Familien mit Kinderwagen, Joggern, Liebespärchen oder Radfahrern gerne genutzt wird.

Insgesamt ist der Weg zwischen Ahrensfelde und Köpenick 15 Kilometer lang, eine Strecke, auf der einem etliche Aussichtsplattformen, einige Bänke zum Ausruhen und Natur pur begegnen. Rund zehn Minuten von der S-Bahn-Station Ahrensfelde entfernt, an der Havemannstraße Ecke Kemberger Straße, liegt der kaum zu verfehlende Startpunkt des Wanderwegs, der sogenannte »Wuhletalwächter«, ein 17,5 Meter hoher Kletterfelsen. Er ist aus 550 Betonplatten ehemaliger Balkone der WBG Marzahn zusammengesetzt. Weiter führt der Wuhletal-Wanderweg vorbei an den Ahrensfelder Bergen, von denen aus man eine großartige Aussicht in alle vier Himmelsrichtungen hat, bis zu den Gärten der Welt, dem Kienberg, der Biesdorfer Höhe und dem Wuhlesee. 250 Arten an Farn- und Blütenpflanzen und viele Tierarten gilt es zu entdecken, von denen einige vom Aussterben bedroht sind. Im Sommer begegnen einem zahlreiche Schmetterlinge.

Natürlich muss man nicht die gesamte Strecke zurücklegen. Ein- und Ausstieg ist beispielsweise auf halber Wegstrecke an der S- und U-Bahn-Station Wuhletal möglich oder am Erholungspark Marzahn. Wem der Spaziergang hingegen zu kurz sein sollte, kann danach noch auf anderen Strecken weiterwandern, denn der Wuhletal-Wanderweg schließt im Norden und im Süden an weitere Wege an. Alternativ kann man auch vom S-Bahnhof Köpenick aus gen Norden starten.

Wuhletal-Wanderweg · Länge: 15,4 Kilometer
Start am S-Bahnhof Ahrensfehlde · 12689 Berlin oder S-Bahnhof Köpenick · 12555 Berlin

Kaum zu übersehen: Der »Wuhletalwächter« ist ein 17,5 Meter hoher Kletterfelsen.
Gelegentlich laden Bänke am Rand des Spazierwegs zu einer Pause ein.

86

Architektonisch interessante Perle

Ludwig Mies van der Rohe gilt als einer der herausragendsten Architekten der Moderne. Das Mies van der Rohe Haus in Alt-Hohenschönhausen ist das letzte von ihm entworfene Wohnhaus, bevor er 1938 in die USA emigrierte.

Mitten in der Parklandschaft am Obersee steht der rote Flachbau, der von Ludwig Mies van der Rohe entworfen wurde – geliebt von Architekturfans, als Meisterwerk der Baukunst gefeiert.

Zugegeben, auf den ersten Blick wirkt das Mies van der Rohe Haus mit seiner Backsteinfassade und dem flachen Dach eher unspektakulär. Drinnen allerdings mit den wandgroßen Terrassenfenstern, die den Blick auf die umgebene Parklandschaft freigeben, eröffnet sich dem Besucher eine neue Perspektive. Hier scheinen Innen- und Außenwelt ineinander überzugehen.

So ein Haus hätten wir auch gern! Vor allem der Parkblick ist phänomenal.

Das Bauwerk entstand in den 1930er-Jahren. Damals wurde es noch als Landhaus Lemke bezeichnet. Denn es war das Ehepaar Karl und Martha Lemke, das den L-förmigen Bau bei van der Rohe in Auftrag gegeben hat. Sie mussten ihr Haus allerdings kriegsbedingt schon bald wieder verlassen. Im Oktober 1945 fungierte es als Abstellkammer für die Rote Armee, später war es mal Wäschekammer, mal Hausmeisterwohnung oder Küche für Mitarbeiter des Ministeriums der Staatssicherheit in der DDR. Ludwig Mies van der Rohe, 1886 in Aachen geboren, gilt als einer der bedeutendsten Architekten des 20. Jahrhunderts.

Danach um den Obersee und den benachbarten Orankesee spazieren. Das Strandbad (10–19 Uhr, Gertrudstr. 7, www.strandbad-orankesee.de) wurde bereits 1929 eröffnet.

Dieses von ihm kreierte Gebäude steht seit 1977 unter Denkmalschutz. Nachdem es von 2000 bis 2002 saniert wurde, dient es heute als Ausstellungspavillon für Moderne Kunst. Wer sich eine der wechselnden Ausstellungen ansieht, der sollte auch den großflächigen Garten besichtigen.

Mies van der Rohe Haus · Di–So 11–17 Uhr · Eintritt frei · Führungen nur nach telefonischer Anmeldung 14 Tage im Voraus möglich · Oberseestr. 60 · 13053 Berlin · Tel. 030/97 00 06 18 www.miesvanderrohehaus.de · Haltestelle: Tram M5 Oberseestr./Tram 27 Buschallee/Suermondtsr.

Der Interkulturelle Garten Lichtenberg ist ein summendes Kleinod im Kiez.
Wer sich für Bienen interessiert, kann sich vom Imker aufklären lassen.

Bienen in Berlin

Eine oft viel zu vernachlässigte Seite Berlins steht bei dem Projekt »Berlin summt!« im Fokus: gesunde Lebensräume für die Bienen in der Hauptstadt. Nun können Einheimische und Touristen kleine Naturoasen an etlichen »prominenten« Orten in Berlin besuchen – und Honig gibt es natürlich auch.

Es ist ruhig, die Vögel zwitschern, alles grünt und blüht, und die Bienen summen. So muss Natur sein. Der Tatsache, dass in Deutschland die Honig- und Wildbienen auf dem Rückzug sind und dass gerade in der Großstadt die Aufmerksamkeit für die Tiere zu gering ist, wollten Dr. Corinna Hölzer und Cornelis Hemmer entgegenwirken. Deshalb haben sie im Frühjahr 2011 das Projekt »Berlin summt! Honig von prominenten Dächern Berlins« ins Leben gerufen. Mit dieser Aktion haben die beiden an mittlerweile 14 repräsentativen Standorten wie dem Berliner Dom, der Staatsoper im Schiller Theater, oder dem Planetarium am Insulaner Bienenstöcke aufgestellt, die das nützliche Insekt in den Mittelpunkt des Interesses rücken. Etliche der Häuser verkaufen auch den Honig an ihre Gäste.

Für die Besichtigung der meisten Bienenstöcke, die von erfahrenen Imkern betreut werden, ist eine Terminvereinbarung notwendig. Ohne Voranmeldung kann der Interkulturelle Garten in Lichtenberg besucht werden. In diesem 13 000 Quadratmeter großen summenden Paradies kann man dem Imker nicht nur bei seiner Arbeit über die Schulter schauen, es finden auch etliche Veranstaltungen rund ums Thema Bienen statt. Zudem ist der Garten ein schönes Beispiel für gut funktionierendes *Urban Gardening*, denn gemeinschaftlich werden hier seit 2006 ökologisches Gemüse, Blumen und Kräuter angebaut. Ebenfalls ohne Führung gibt es Bienen auf dem begrünten Dach der Mensa HU Nord zu sehen. Vier Honigbienenvölker sind hier neben schon bestehende Fledermaus- und Vogelnistkästen gezogen. Mittwochs steht Imker Hans Oberländer auch gern Rede und Antwort – und den Honig kann man in der Mensa kaufen.

Interkultureller Garten Lichtenberg · Di, Mi 10–17, Do 12–19 Uhr und nach Absprache
Liebenwalder Str. 12–18 · 13055 Berlin · **Mensa HU Nord** · Mo–Fr 10–18 Uhr
Imker Mi 12 Uhr · Hannoversche Str. 7 · 10115 Berlin · www.stw.berlin/mensen/mensa-hu-nord.html

Einkaufen auf Russisch: Intermarkt Stolitschniy

Wie ein kulinarischer Kurztrip nach Russland mutet ein Besuch im Intermarkt Stolitschniy an der Landsberger Allee an.

Ins Don Xuan Center in Lichtenberg kommen die Touristen mittlerweile schon in Strömen, so sehr hat sich der mächtige Asia-Supermarkt herumgesprochen, in dem von traditioneller Kleidung über Spielzeug bis hin zu Nahrungsmitteln so ziemlich alles angeboten wird.

Etwas beschaulicher geht es dagegen im russischen Pendant, dem Intermarkt Stolitschniy, zu. Dieser ist mit 800 Quadratmetern aber auch bedeutend kleiner. Er befindet sich in der früheren DDR-Einheitskaufhalle an der Landsberger Allee. Übersetzt heißt *Stolitschniy* so viel wie »hauptstädtisch«. Um jede Menge gar nicht typisch hauptstädtische, sondern vielmehr

Prost! Jede Menge russische Biere stehen im »Stolitschniy« zur Auswahl.

russische Lebensmittel kennenzulernen, ist ein Besuch definitiv empfeh-lenswert: Der »Stolitschniy« hat neben vielen verschiedenen Konserven, einer beachtlichen Auswahl an Sonnenblumenkernen, Moosbeeren (besser bekannt als Cranberries) oder russischen Bieren auch frisches Obst, Fleisch – von Schweinepfoten bis zu verschiedenen Innereien – und frischen Fisch.

Man kann sich seinen noch im Aquarium schwimmenden Wunschfisch aussuchen und keine zwei Minuten später nimmt man ihn in der Tüte mit nach Hause. Die russischen Klassiker Wodka, Kaviar und Pelmeni kann man natürlich auch erstehen sowie eine kleine Auswahl an Spielwaren, russischen DVDs und Büchern. Ein Highlight ist auch die riesige Auswahl an russischem Konfekt, das man sich selbst zusammenstellen kann.

So ist der Laden für alle Russen, die in Berlin leben, eine Anlaufstelle für Spezialitäten aus der Heimat, aber auch eine Fundgrube für alle anderen, die geschmacklich offen für Neues sind. Und die Angestellten an Kasse und Theke sprechen neben russisch auch deutsch.

Intermarkt Stolitschniy · Mo–Sa 9–20 Uhr · Landsberger Allee 116 · 10369 Berlin
Tel. 030/97 89 83 23 · Haltestelle: S Landsberger Allee

Ein Mix aus Tennis und Squash: So sieht eine klassische Padel-Anlage aus.

Trendsport: Padeln in Lichtenberg

Mit »Padeln« ist nicht etwa das falsch geschriebene Paddeln gemeint, vielmehr handelt es sich dabei um eine Sportart, die bisher in Deutschland noch nicht so weit verbreitet ist, sich weltweit aber großer Beliebtheit erfreut. Seit Juli 2012 kann auch in Berlin gepadelt werden.

Eine rasante Mischung aus Tennis und Squash, das ist Padeln. Alexander Hillbricht hat die erste Berliner Anlage im Juli 2012 in der Nähe des Ostkreuzes eröffnet. Er selbst hat das Padeln in Spanien entdeckt, wo er seine Tennisprofi-Karriere ausklingen ließ und sich dann in den Kopf gesetzt hat, »seine« neue Sportart nach Berlin zu bringen.

Nun kann in Lichtenberg auf zwei Outdoor-Plätzen gespielt werden. Als Erfinder der Sportart gilt der Mexikaner Enrique Corcuera, der Ende der 1960er-Jahre einen Tennisplatz zwischen zwei Häuserwänden anlegte und beide Spielfeldseiten mit einem Maschendrahtzaun abschloss. Die Idee war, die Häuserwände mit ins Spiel einzubeziehen. Corcueras Erfindung wurde rasch kopiert: Padeln hat sich beispielsweise in Spanien, in Argentinien und in seinem Geburtsland Mexiko schon längst ausgebreitet. Auch in den USA greift das Padel-Fieber weit um sich. Von der Lichtenberger Anlage aus kann das Rückschlagspiel nun auch Deutschland erobern – oder zumindest Berlin. Einfach ist das Spiel aber zunächst nicht: Man muss sich erst daran gewöhnen, die Wände in die vom Tennis bekannte Spielweise einzubeziehen. Auch wenn die Bälle aussehen wie normale Tennisbälle, sind sie deutlich langsamer. Hier liegt auch ein Unterschied zum Squash: Die Schlaggeschwindigkeit ist beim Padeln deutlich niedriger, die Technik steht mehr im Mittelpunkt – und Spaß soll es machen! Der Sport aus Mexiko wird in einer Doppelbesetzung pro Mannschaft betrieben. Eine Stunde Padel kostet pro Person 6 Euro Outdoor und 10 Euro Indoor. Ein Padelschläger kann für 2 Euro gemietet werden und eine Dose Padelbälle (drei Stück) für 1 Euro pro Person. Übrigens: Es gibt auf der Anlage neu »Cage Football« – sicher auch eine Entdeckung wert!

PadelBerlin · tgl. 9–23.30 Uhr · Wiesenweg 1–4 · 10365 Berlin · Tel. 030/20 25 67 90
www.padelberlin.de · Haltestelle: U Frankfurter Allee

Übernachten im ehemaligen Gefängnis

Ferien im Knast: Das Ehepaar Bettex von Schenck machte aus dem Haus VIII des DDR-Gefängnisses Rummelsburg ein kleines Hotel. Das ist nicht nur etwas für Touristen, denn die Gäste, die hier direkt am Rummelsburger See übernachten, sollen die Geschichte des Ortes reflektieren.

Geschichte nicht nur im Museum ansehen, sondern erleben, das kann man im »5raumhotel – Das Andere Haus VIII« an der Rummelsburger Bucht. Dieses ist ein großer, alter Backsteinbau, der unter Denkmalschutz steht und eine schwere Historie birgt: Errichtet wurde das Gebäude 1879 von Herrmann Blankenstein. Es diente als Straf- und Arresthaus innerhalb eines weitläufigen Arbeitshaus-Komplexes, einer Art Rehabilitationseinrichtung für Haftentlassene, Schwererziehbare und Nichtsesshafte.

Nachdem die Anlage auch unter den Nationalsozialisten als Arbeits- und Haftlager genutzt wurde, baute die DDR-Regierung die Anstalt zum Gefängnis Rummelsburg aus. Das Haus VIII wurde zur Krankenstation mit kleinen, vergitterten Fenstern und acht Quadratmeter großen Zellen. Nach dem Mauerfall diente das hermetisch abgeschlossene Gebäude schließlich kurzzeitig als »Unterkunft« für Erich Honecker und Erich Mielke, bevor es 15 Jahre lang dem Verfall ausgesetzt war.

Schließlich nahm sich das Ehepaar Bettex von Schenck des geschichtsträchtigen Hauses an und verwandelte es in ein modernes Gäste- und Wohnhaus, das seine Vergangenheit nicht leugnet. Gewohnt wird in einer von fünf umgestalteten, durch unterschiedliche Farben gekennzeichneten Zellen in Originalgröße – jeweils mit eigenem Bad, Rundgewölbe und teilweise Blick aufs Wasser der Rummelsburger Bucht. Eine kleine Bibliothek informiert über die Schattenseiten der DDR-Zeit, ostdeutsche Biografien oder das kommunistische Menschenbild. Darüber hinaus lädt der »Raum der Stille« im Untergeschoss zur inneren Einkehr ein. Man kann sich hier übrigens auch längerfristig einbuchen oder aber kurzfristig ab zwei Übernachtungen.

Das Andere Haus VIII · Auf dem BerlinCampus · DZ 75 Euro/Nacht · Erich-Müller-Str. 12 10317 Berlin · Tel. 030/55 44 03 31 · www.dasanderehaus8.de · Haltestelle: S Rummelsburg

Freiwillig im Knast: Wie gut, dass diese »Zelle« farbenfroh und hübsch ist!

Mit dem Blick aufs Wasser kommen in der Hafenküche schnell Urlaubsgefühle auf.
Food-Tipp: Ein leckerer Klassiker auf der Karte ist Fish & Chips mit Dips.

Restaurant am Hafen

Ausgedehnt frühstücken auf der Terrasse mit Blick auf die Spree oder sich einen Picknickkorb packen lassen für einen romantisch-kulinarischen Bootsausflug – die Hafenküche an der Rummelsburger Bucht lohnt definitiv einen Ausflug nach Lichtenberg.

Essen am Ufer präferiert nicht nur der Hamburger, auch der Berliner blickt bei seiner Mahlzeit gern aufs Wasser – am liebsten, wenn sich bei schönem Wetter die Sonne darin spiegelt. Dafür ist die Hafenküche, etwas versteckt an der Rummelsburger Bucht liegend, die perfekte Anlaufstelle.

Zu Fuß vom Bahnhof Ostkreuz erreicht man das Restaurant in einer knappen halben Stunde, den Uferwanderweg immer an der Spree entlang. Besonders entspannt ist ein Frühstück an einem der gemütlichen Holztische auf der Terrasse (das Buffet mit Lachs, Bircher Müsli, Obst, Eiervariationenund Co gibt es für 13,90 Euro). Ein Mittagstisch zu günstigen Preisen wird ebenfalls angeboten. An kälteren Tagen wärmt man sich drinnen am Kamin und genießt die regionalen Gerichte mit internationalem Einschlag bei minimalistisch-maritimem Ambiente (in Blau-Weiß gehalten, Industrielampen baumeln von der Decke).

> **Rund um den Rummelsburger See kann man ganz gemütlich spazieren gehen.**

Wassersportler können aber auch einen Bootsausflug planen. Denn die charmante Kantine an der Spree hat direkt eine Marina mit zehn Liegeplätzen vor der Haustür, sodass man von hier aus gleich in eines der Boote steigen kann (unbedingt vorher über den Verleih www.spreeboote.de reservieren).

Dazu bereitet die Hafenküche einen Picknickkorb nach Wahl vor: Der »Vegi-Korb« für zwei Personen (38 Euro) ist unter anderem mit Couscous-Salat, Hummus und *Applecrumble* befüllt, in der »Picknick-Box« hingegen liegen Boulette mit Kartoffelsalat und Currywurst im Glas.

Diverse Getränke-Boxen gibt's auch. Gratis dazu erhalten Hobbykapitäne Tipps, welches die besten Wasserrouten auf der Spree sind.

Hafenküche · Mo, Di 10–16, Mi–Fr 10–23, Sa, So 9–23.30 Uhr
Zur Alten Flussbadeanstalt 5 · 10317 Berlin · Tel. 030/42 21 99 26 · www.hafenkueche.de
Haltestelle: S Betriebsbahnhof Rummelsburg

Mutti Koppe macht Mittag

Die Skykitchen im Hotel Vienna House Andel's Berlin genießt einen legendären Ruf, nicht zuletzt weil hier Berlins jüngster Michelin-Sterne-Koch Alexander Koppe seine Gäste verwöhnt. Der Geheimtipp: Sonntags macht hier Mutti Koppe Mittag …

Wenn sich die Aufzugtüren im zwölften Stock öffnen, weiß man gar nicht, wo man zuerst hinschauen soll: Die bodentiefen Panoramafenster zu allen Seiten gewähren eine Aussicht der Spitzenklasse. Das Ambiente im coolen 1960er-Jahre- »Mad Men«-Stil tut sein Übriges, um die Skykitchen als ganz besondere Location hervorzuheben. Um hier abends einen Tisch zu ergattern und eines der Elf-Gänge-Menüs von Alexander Koppe genießen zu können, muss man zeitig reservieren.

> Den Blick über die Stadt schweifen lassen und sich das vielseitige Gesicht Berlins vergegenwärtigen – das lässt einen Alltagsprobleme ganz schnell vergessen.

Sonntags steht ein besonderes Konzept im Mittelpunkt: Mutti Koppe macht Mittag. Am Buffet stehen eine großzügige Schlachterplatte vom Landhof Rahlf, Muttis Buletten mit Nudelsalat oder Kartoffelsalat und Alt-Berliner Linseneintopf mit Knacker direkt neben Opas Fischecke. Dann wäre da noch ein Frühstücksbuffet mit Joghurt, Croissants, Rührei und Co. Weiter geht's mit den Hauptgerichten. Dabei wird Deftiges nach Saison gereicht wie Peenestrom Zander an Rahmwirsing, Königsberger Klopse oder die Mini-Haxe. »Für diese Spanferkel-Haxe wird schon 48 Stunden vorher mit der Zubereitung begonnen«, erklärt Gastgeberin Edeltraud Koppe. »Damit sie so besonders zart wird.« Und Nachtisch steht natürlich ebenfalls auf dem Programm. Wenn Mutti Koppe sonntags auftischt, gehen definitiv alle glücklich und satt nach Hause. Klar, ihr Motto ist schließlich auch: »Nachschlag gibt's bei mir immer.« Das kostet inklusive Wasser, Kaffee und Prosecco 39 Euro pro Person. Was man hier unbedingt probieren sollte: die Königsberger Klopse und den knusprig gebackenen Zander.

Vienna House Andel's Berlin · Skykitchen im 12. Stock · Mutti Koppe kocht So 11–15 Uhr
Landsberger Allee 106 · 10369 Berlin · www.skykitchen.berlin · Haltestelle: S Landsberger Allee

Kreative Koch-Crew: Edeltraud Koppe ist die Mutter von Sterne-Koch Alexander Koppe.
Nur eines der Hauptgerichte am Sonntag: Peenestrom-Zander an Rahmwirsing

Namaste und herzlich Willkommen im Buddhistischen Haus, das alle Gäste empfängt.

Buddhistisches Haus in Frohnau

Ein Juwel mitten in Frohnau: Das Buddhistische Haus ist die älteste buddhistische Tempelstätte Europas. Die Sehenswürdigkeit lädt vor allem diejenigen herzlich ein, die Erleichterung auf ihrer Wegsuche und Hilfe beim »An-das-Ziel-kommen« benötigen – und bringt Gästen die Welt des Buddhismus näher.

Besucher betreten das Grundstück, das mitten im Grünen liegt, durch ein im ceylonesischen Stil erbautes Tor. Dann erwartet sie eine steile Treppe mit 73 Stufen, ein Symbol für den achtfachen Pfad, den Buddha zur Erlösung vom Leid der Vergänglichkeit beschritt.

Der Schriftsteller und Arzt Paul Dahlke reiste vor mehr als 100 Jahren häufig nach Asien und wurde schließlich selbst Buddhist. Kurz nach dem Ersten Weltkrieg kaufte er dann das 36 500 Quadratmeter große, bewaldete Land in Frohnau und begann damit, ein Zentrum für die buddhistische Religion zu konzipieren. Der Bau wurde zum einen durch Spenden, zum anderen durch eigene Mittel finanziert und 1924 schließlich fertiggestellt, 1926 folgte ein Tempel. In der Bibliothek stehen über 3000 verschiedene Werke über die buddhistische Lehre, aber es gibt auch Bücher über andere Weltreligionen. Regelmäßig stattfindende Meditationen sowie ein abwechslungsreiches Programm an Vorträgen und öffentlichen Kursen bringen dem interessierten Gast die Welt des Buddhismus näher. Das Buddhistische Haus zählt heute zum kulturellen Erbe und steht unter Denkmalschutz. Den geistigen Mittelpunkt des Hauses bildet der hier lebende buddhistische Mönch Bhikkhu Dhamma Muninda aus Bozen.

Gut zu wissen: Der Besuch gestaltet sich für Neulinge ganz zwanglos, jeder darf sich mit der buddhistischen Lehre beschäftigen, im Tempel für sich allein meditieren, es gibt keinen Mitgliedschaftsbeitrag und auch keine Kirchensteuer. Für die persönliche Auszeit bietet sich auch das SelbstRetreat an. Zu Fuß kann man hinterher noch Frohnau mit seinen schicken Villen mitten im Grünen erkunden!

Buddhistisches Haus · Tempel/Meditationshalle tgl. 9–18 Uhr · Bibliothek und Büro Di–So 9–18 Uhr
Edelhofdamm 54 · 13465 Berlin · Tel. 030/401 55 80 · www.das-buddhistische-haus.de
Haltestelle: S Frohnau, dann zu Fuß noch ca. 1000 Meter

94 Cake Pops von Ben und Bellchen probieren

Cake Pops sind feine Kuchen-Kügelchen am Stiel und nach den Cupcakes einer der neueren US-Trends in Sachen Backwaren, der auch in Berlin bereits viele begeisterte Anhänger gefunden hat. Die Ben und Bellchen Manufaktur in Berlin-Mitte hat sich auf die kleine Köstlichkeit spezialisiert.

Limette-Buttermilch, Himbeer-Brownie oder Erdnuss-Salzkaramell – eingebettet in einen feinen weißen oder dunklen Schokoladenmantel, einen Stiel unten dran und fertig ist der Cake Pop. Die kleinen Kuchenkugeln von »Ben und Bellchen« klingen nicht nur zum Anbeißen, sie sind es auch. Neben den Cake Pops gibt's auch noch Praliné Pops im Sortiment. Diese haben innen einen zart schmelzenden Kern aus Haselnussnougat und Knusperfüllung, verfeinert mit gefriergetrockneten Früchten.

Die Macher Isabel und Benjamin Hoffmeier haben mit ihrer Manufaktur ihr Hobby zum Beruf gemacht, denn sie sind eigentlich gelernte Kommunikationswissenschaftler. In ihrer Backstube in Moabit stellen sie ihre Cake und Praliné Pops in liebevoller Handarbeit her, ohne künstliche Zusätze wie Geschmacksverstärker und Farb- oder Konservierungsstoffe und bevorzugt mit saisonalen Zutaten. Die guten Teilchen

> Augen zumachen, Schokolade knacken und den Kern zart im Mund schmelzen lassen ... Ja, Schokolade macht glücklich!

sind übrigens ungekühlt bis zu drei Wochen haltbar. Verkauft werden sie auf Bestellung oder aber in einigen Läden in Berlin wie zum Beispiel bei Bandy Brooks (Friedrichstr. 96, www.bandybrooks.com) oder bei EAT Berlin (Hackesche Höfe, Hof 7, www.eatberlinstore.de), immer wieder auf dem Naschmarkt in der Markthalle Neun (www.markthalleneun.de) und natürlich auch im Onlineshop. Zwar sind die leckeren Kuchenkugeln nicht ganz billig (ab 1,90 Euro), dafür aber ein Genuss vom Feinsten.

Besonders schön zur Hochzeit: Die Cake Pops sind auch in Hochzeitstorten-Form oder im Braut-Bräutigam-Look erhältlich.

Ben und Bellchen Süßes Handwerk · Heidestr. 54 · 10557 Berlin
Tel. 030/31 17 40 05 · www.ben-und-bellchen.de

Wenn Isabel Hoffmeier ihre Minikugeln kreiert, ist Konzentration gefragt.
Das sieht aber auch hübsch aus zum Kaffee: ein Cake Pop to go.

Ein Baum wie jeder andere? Nein! Die Dicke Marie ist mindestens 400 Jahre alt!

Die Dicke Marie

Sie kennen die Dicke Marie nicht? Dann sollten Sie unbedingt ein baldiges Kennenlernen und damit einen Ausflug nach Reinickendorf einplanen. Denn diese »Frau« ist schon ganz schön alt.

In Reinickendorf ist sowohl der älteste als auch der längste pflanzliche Bewohner Berlins beheimatet: die Dicke Marie und die Lange Lärche.

Da wäre zunächst einmal die »alte Dame« Marie zu erwähnen. Dabei handelt es sich um eine uralte Stieleiche, die ihren Namen, so sagen es zumindest viele Berliner, von den Humboldt-Brüdern bekommen hat. Der Grund dafür war, dass dieser riesige Baum die beiden Gelehrten wohl an ihre dicke Köchin Marie erinnert hatte.

Die Dicke Marie soll im Jahre 1107 gekeimt sein und wäre mit ihren inzwischen mehr als 900 Jahren somit nicht nur der älteste Baum ganz Berlins, sondern damit sogar älter als die Stadt selbst. Bezüglich ihres Alters ist man sich allerdings nicht ganz sicher, ihrem Durchmesser nach wird sie eher auf 400 bis 500 Jahre geschätzt. Die Dicke Marie steht mitten im Grünen nahe des Großen Malchsees.

In Esoterikerkreisen gilt die Dicke Marie sogar als Kultkraftplatz, also als ein Ort, von dem besondere positive Erdstrahlungen ausgehen. Und ihren Namen hat sie auch nicht von ungefähr: Ganze 6,65 Meter beträgt ihr Umfang und ihr Durchmesser 2,10 Meter – bei einer Höhe von 26 Metern.

Einen herrlichen Kontrast zur Dicken Marie bietet übrigens die sogenannte Lange Lärche, die ebenfalls im Tegeler Forst im Mühlweg, nahe der Konradshöher Straße, wächst. Sie ist zwar nicht ganz so alt wie die Dicke Marie, aber immerhin etwas über 200 Jahre, und hat auch nur einen Umfang von etwa 2,80 Metern, dafür besitzt sie aber eine imposante Höhe von 43 Metern, was sie zum höchsten Baum Berlins macht.

Im Anschluss bietet sich ein Besuch von Schloss Tegel (Humboldt-Schloss) an. Im Schlosspark, angelegt vom Hauslehrer der Humboldts, ist die Grabstätte der Familie und die 400 Jahre alte Wilhelm-von-Humboldt-Eiche.

Dicke Marie · Schwarzer Weg · 13505 Berlin · Anfahrt: Tegel, entlang des Ufers, hinter dem Restaurant Waldhütte kommt rechts ein Weg, der zur Dicken Marie führt

Kamelreiten vor den Toren der Stadt

Wer seinen Kindern etwas ganz Außergewöhnliches bieten möchte oder einfach selbst mal wieder Lust auf ein kleines Abenteuer hat, dem sei ein Ausflug ins Löwenberger Land empfohlen. Dort auf dem Kamelhof Nassenheide können große und kleine Besucher tatsächlich auf Kamelen reiten.

Zugegeben, der Kamelhof Nassenheide von Familie Heidicke liegt nicht gerade zentral: Aber das Erlebnis vor Ort in Nassenheide macht die Anreise via S-Bahnhof Oranienburg und dann weiter mit dem Bus 802 Richtung Löwenberg, Haltestelle Nassenheide-Kirche, wett. Die Attraktion des alten Bauernhofs steht auf der Koppel hinter dem Anwesen: Jede Menge stattliche Kamele, davon sind fünf ausgebildete Reittiere.

Die Trampeltiere stammen aus den kalten Trockengebieten Zentralasiens. Deshalb macht ihnen die Kälte im Winter auch nichts aus. Anfassen, Streicheln, Fragen stellen, Bürsten, Riechen, Kuscheln, Lernen und sogar Reiten: Bei einer »Erlebnisstunde Kamel« ist auch für die lieben Kleinen alles erlaubt. Man kann sich auch für den »Camel-Talk – mit dem Kamel auf Du und Du« entscheiden und die stattlichen Tiere ganz vorsichtig kennenlernen. Wem eher der Sinn nach einem gemächlichen Ausritt, bei dem die Alltagssorgen mit einem Mal ganz weit weg erscheinen, über die Koppeln und Wiesen von Nassenheide steht, der kommt natürlich auch auf seine Kosten. Allerdings sollten sich Besucher dafür vorab telefonisch einen individuellen Termin geben lassen. Denn normale regelmäßige Öffnungszeiten für unangemeldete Gäste gibt es an diesem idyllischen Ort nicht. Tipp: Da es auf so einem Bauernhof durchaus Spaß macht, sich auch mal schön dreckig zu machen, empfiehlt es sich, nicht die beste Kleidung für diesen Ausflug anzuziehen.

Und wer sich von dem friedlichen Miteinander von Mensch und Tier gar nicht trennen mag, der quartiert sich einfach in die gemütliche Ferienwohnung, die sogenannte Schweine-Suite, ein. Sie steht für Gäste, die länger bleiben möchten, bereit.

Kamelhof Nassenheide · Eintritt 2 Euro/Person · individuelle Termine von Mo–So
Am Dorfanger 12 · 16775 Löwenberger Land · Tel. 0177/301 95 30
www.kamel-hof.de

Achtung, Spucke! Wer sich traut, darf die Kamele gern besser kennenlernen.
Wenn sie nicht gerade ruhen, sind Kamele prima geeignet für einen Ausritt.

Idyllische Lage direkt am Groß Behnitzer See: das Landgut Stober samt Bio-Hotel

Ein Bio-Hotel am See

Das Landgut Stober in Groß Behnitz ist definitiv einen Ausflug ins Berliner Umland wert. Weil es ein Ort mit Geschichte ist, weil es sich dort direkt am lauschigen See herrlich entspannen lässt und weil sich der Inhaber Michael Stober mit jeder Menge Herzblut der Nachhaltigkeit verschrieben hat.

Rund 50 Minuten von der Berliner Innenstadt entfernt liegt ein Kleinod, dessen Entdeckung sich für den gestressten Großstädter sehr lohnt: das Landgut Stober. In Nauen im Ortsteil Groß Behnitz ist das imposante historische Backstein-Areal direkt am Groß Behnitzer See zu finden.

Hier bietet sich nicht nur die perfekte Kulisse zum Heiraten am Wasser, es kann auch vortrefflich regional und saisonal gespeist werden. Zu den Lieferanten aus der Umgebung zählen beispielsweise die Bio-Manufaktur Havelland oder der Forellenhof in Rottstock.

Nachhaltigkeit und ein bewusster Umgang mit der Natur und den Ressourcen werden im Landgut groß geschrieben, dafür setzt sich Inhaber Michael Stober leidenschaftlich ein. Sein zertifiziertes Bio-Hotel auf Vier-Sterne-Niveau (Übernachtung ab 89 Euro) hat Solarzellen auf dem Dach, bezieht das Holz zum Heizen aus dem eigenen 12,5 Hektar großen Wald, ist elektrosmogreduziert durch einen eigenen kabelgebundenen Internetanschluss und im Hotelflur liegt gar ein »essbarer« Teppich aus 100 Prozent Mais. Highlight: die handgefertigten Bio-Matratzen des griechischen Herstellers Coco-Mat. Hier ist mehr als die Kosmetik Bio, ohne dabei zu ländlich zu sein. Im Gegenteil: Mit Sichtbeton und stilvollen Kunstwerken an den Wänden geht das Haus glatt als Designhotel durch. Und der Ort hat Geschichte: 1173 wurde der Ortsteil Groß Behnitz erstmals urkundlich erwähnt. Später ließ August Borsig, Sohn des legendären Unternehmers Albert Borsig, an dieser Stelle ein großes Ensemble an Ziegelbauwerken samt Brennerei, Schmiede, Wohnhaus, Werkstatt und Stallungen errichten. Der barocke Gutshof war damals um 1920 schon ein Agrarbetrieb mit modernsten Technologien.

Landgut Stober · Behnitzer Dorfstr. 29 · 14641 Nauen, OT Groß Behnitz
Tel. 033/239 20 80 60 · www.landgut-stober.de

Kirschblütenfest in Teltow

Dafür lohnt sich ein Ausflug an die Stadtgrenze: Auf dem ehemaligen Grenzstreifen zwischen Lichterfelde und Teltow gibt es einmal im Jahr beim Japanischen Kirschblütenfest rund 1000 blühende Bäume zu bestaunen – ein Naturspektakel der besonderen Art.

Im Jahr 2018 findet es bereits zum 17. Mal zwischen Lichterfelder Allee, Marienfelder Anger und Teltow-Sigridshorst statt: das Japanische Kirschblütenfest Hanami (= Blütenschau). Zu sehen ist die längste Japanische Kirschbaumallee in Berlin-Brandenburg. Auf eineinhalb Kilometern blühen rund 1000 Japanische Kirschbäume. Und zwar an historischer Stelle: Dort, wo einst die Berliner Mauer stand und der Todesstreifen die damalige DDR vom Westteil Berlins trennte. An den jeweiligen Enden der TV-Asahi-Kirschblütenallee befinden sich am Hanami-Festtag zwei Marktplätze mit insgesamt über 30 Ständen für Kulinarik, Spiel und Infos. Musikalisch untermalt wird das Ganze natürlich auch. Außerdem gibt es für die ganze Familie zahlreiche schöne Mitmachangebote.

Sich auf seine mitgebrachte Picknickdecke setzen und das Meer aus rosa Blütenblättern, die sachte auf das Gesicht rieseln, genießen.

Einzigartig ist aber nicht nur Anblick des rosa Blütenzaubers, sondern auch die Geschichte des Festes: Initiiert wurde die Entstehung der Kirschblütenallee nämlich von dem großen japanischen Fernsehsender TV-Asahi und zwar aufgrund von Japans großer Freude über die Wiedervereinigung Deutschlands am 3. Oktober 1990. Im Zeitraum von 1990 bis 2010 wurden schließlich die vielen Bäume gepflanzt.

Heute fühlt man sich auf dem Fest fast so, als wäre man in Japan, denn viele Menschen kommen zu diesem ganz speziellen Dorffest als Manga- und als Animé-Figuren verkleidet. Wer nicht zum Fest selbst kommt, der kann übrigens auch entspannt sein privates Hanami erleben – einfach den Besuch diesen Abschnitts des Mauerwegs mal zur Zeit der Kirschblüte einplanen!

Hanami Kirschblütenfest · Eintritt frei · Blüte jährlich Ende April/Anfang Mai · Fest 13–18 Uhr
Datum siehe Website · TV-Asahi-Kirschblütenallee
Mauerweg · www.hanamifest.org · Haltestelle: S Lichterfelde-Süd

Sonst eher nur vereinzelt zu bestaunen, doch in Teltow in tausendfacher Pracht

Knack, knirsch! Den Füßen tut's gut, mal was anderes als nur die Socken zu fühlen.

Barfußpark in den Beelitzer Heilstätten

99

Warum nicht mal eine Abenteuersafari für die Füße in Angriff nehmen? Das geht hervorragend im 2017 eröffneten Barfußpark in Beelitz – mit 60 Erlebnisstationen in einem 15 Hektar großen Park ein naturnaher Spaß für die ganze Familie.

Jeder Berliner kennt den Beelitzer Spargel. Die Beelitz-Heilstätten, eine ehemalige Lungenheilanstalt, ist als einer der Brandenburger Lost-Places, also als Foto-Hotspot, schlechthin bekannt. Auch der Baumkronenpfad, der sich ebenfalls auf dem Gelände befindet und mitten durchs Blattwerk stattlicher Laubbäume führt, ist zurecht sehr beliebt. Neu auf dem Gelände ist der Barfußpark, ein sehr entdeckenswerter Natur-Erlebnis-Park mit insgesamt drei Barfußwegen unterschiedlicher Länge, die flexibel miteinander kombiniert werden können. Die Gesamtlänge beträgt 3,1 Kilometer. Das Konzept: Sich verbunden fühlen mit der Natur und mit dem eigenen Körper – und dabei anderen auf dem gleichen Weg begegnen. Dafür wird aber nicht nur barfuß auf abgeschliffenen Glasscherben (ja, das piekst schon!), durch nassen Schlamm, glitschigen Lehm oder verschiedene Arten von Kies ge-

> Schon mal einen Baum umarmt? Unbedingt ausprobieren! Das Gefühl ist unbeschreiblich.

laufen. Zusätzlich zu den multisensorischen Pfaden gibt es 60 Erlebnis- und Lernstationen, an denen Kinder wie Erwachsene die Natur und insbesondere auch den umgebenden Wald spielerisch entdecken können. Da ist etwa ein Bäume-Quiz, bei dem es nur durch Ertasten die richtigen zu benennen gilt. Oder ein Summstein. Hierbei steckt man seinen Kopf in ein Loch eines Steines und summt – dieser gibt die Vibration dann an den ganzen Körper weiter. Man kann sich hier insgesamt gut drei bis vier Stunden aufhalten, der Ausflug soll ja schließlich auch der Entspannung dienen. Im Anschluss an das »Fußintensivprogramm« empfiehlt sich ein Abstecher ins heimelige Parkcafé. Gut zu wissen: Unbedingt ein kleines Handtuch für die Füße einpacken und am besten eine kurze Hose tragen!

Barfußpark Beelitz-Heilstätten · Erwachsene 7 Euro, Kinder 5 Euro
ab Ende April Mo–Fr 10–18, Sa, So 10–19 Uhr · Straße nach Fichtenwalde 13 · 14547 Beelitz
Tel. 0162/290 99 99 · www.derbarfusspark.de · Haltestelle: Bhf Beelitz-Heilstätten

Register

Essen und Trinken

Übernachten

Einkaufen

Freizeit und Familie

Natur

Kunst und Kultur

Entspannung

Überraschungen

Impressum

Verantwortlich: Ulrich Jahn, Alina Gillen
Lektorat: Lektorat Lofing, Stephanie Lofing, Berlin
Satz/Layout: graphitecture book & edition
Repro: Repro Ludwig, Zell am See
Umschlaggestaltung: Frank Duffek
Kartographie: Kartographie Huber, Heike Block
Korrektorat: Anne Köhler
Herstellung: Alexander Knoll
Printed in Italy by Printer Trento

Sind Sie mit diesem Titel zufrieden? Dann würden wir uns über Ihre Weiterempfehlung freuen.
Erzählen Sie es im Freundeskreis, berichten Sie Ihrem Buchhändler, oder bewerten Sie bei Onlinekauf. Und wenn Sie Kritik, Korrekturen Aktualisierungen haben, freuen wir uns über Ihre Nachricht an Bruckmann Verlag, Postfach 40 02 09, D-80702 München oder per E-Mail an lektorat@verlagshaus.de.

Unser komplettes Programm finden Sie unter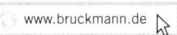

Alle Angaben dieses Werkes wurden vom Autor sorgfältig recherchiert und auf den aktuellen Stand gebracht sowie vom Verlag geprüft. Für die Richtigkeit der Angaben kann jedoch keine Haftung übernommen werden.

Bildnachweis: Alle Bilder des Innenteils stammen von Tina Gerstung, außer:
Sebastian Matthias Weißbach: S. 13, 40/41, 44/45, 55, 56, 71o., 79, 82, 89, 103, 108, 119, 124o., 130/131, 133, 136/137, 138/139, 143, 146, 149, 154, 176, 180; Himmelbeet: S. 7; Data Kitchen/ Stefan Lucks: S. 10o.; Data Kitchen/Marcus Zumbansen: S. 10u.; Michael Becker: S. 14; Volta: S. 16/17; Robert Beyer: S. 18o.; EstherSuave: S. 18u; Juliane Spaete: S. 22; me Collectors Room Berlin/ Bernd Borchardt: S. 25o.; LT Fotografie / Lidia Tirri: S. 25u.; AMANO: S. 26o.; Beth Jennings Photography: S. 26u.; Cowshed Spa: S. 29; Tadshikische Teestube: S. 30; CAMERA WORK: S. 33; Boros Collection/NOSHE: S. 34; Grand Hyatt Berlin/ Peter Cons & Grace Baes, cons photographics international: S. 37o.; Hotel de Rome: S. 38; Zalando: S. 43; Pfefferhaus/ www.Philipp-Haas.com: S. 48; teledisko / www.teledisko.com: S. 51; California Pops: S. 52; Ugur Orhanoglu: S. 59; Michael Petersohn: S. 60; Ruhepool: S. 68; Restaurant Oderberger/ Martin Nicholas Kunz: S. 72; Swissôtel: S. 75; 25hours Hotels: S. 76; Café Grosz: S. 83; Uniic: S. 89; Bellwinkel: S. 85o.; Lippenstiftmuseum: S. 86; Konrad Kutt: S. 93; Lumen-digital/shutterstock.com: S. 98/99; Maja Seidel: S. 100; Café Max: S. 104; kinokompendium.de: S. 112/113; Svea Poestges: S. 115o.; picture alliance/ dpa (Paul Zinken): S. 115u.; Roman Sebastian Janke: S. 123; Veist Kleidergeschichten: S. 128; Ben Buschfeld: S. 134; SDTB / Foto: Arndt: S. 140; Nautilus Hausbootcharter: S. 144/145; Restaurant und Café Krokodil: S. 146; Finnfloat: S. 153; BergWerk Berlin: S. 157; David Ban: S. 158; Reiner Hausleitner: S. 162/163; Cornelis Hemmer, GreenMediaNet, Berlin: S. 164u.; Holger Piper, Honigmacherei: S. 164o.; PadelBerlin: S. 168; Das Andere Haus VIII: S. 171; Sir Richard Picture: S. 172; Skykitchen: S. 175; Ben & Bellchen: S. 179o.; Fleckschnupphof: S. 183 (2); Peter Stumpf/ Darek Gontarski: S. 184; Stella Hempel: S. 187; Der Barfußpark Beelitz-Heilstätten/Karsten Eichhorn: S. 188

Umschlagvorderseite: Brandenburger Tor (canadastock/Shutterstock), Sessel und Lampe im Retro-Design (fneun/Shutterstock)

3. aktualisierte Neuauflage
© 2018, 2014, 2013 Bruckmann Verlag GmbH, München
ISBN 978-3-7343-1254-0